国家出版基金项目
NATIONAL PUBLICATION FOUNDATION

国别贸易指南之食品检验检疫

本书编委会 ———— 编著

蜂产品技术性贸易措施及
进出口风险管理研究

大连出版社
DALIAN PUBLISHING HOUSE

© 本书编委会 2025

图书在版编目（CIP）数据

蜂产品技术性贸易措施及进出口风险管理研究 / 本
书编委会编著. -- 大连：大连出版社，2025. 3.
(国别贸易指南之食品检验检疫). -- ISBN 978-7-5505
-2399-9

Ⅰ. F746.25

中国国家版本馆CIP数据核字第2025PQ2725号

FENGCHANPIN JISHUXING MAOYI CUOSHI JI JINCHUKOU FENGXIAN GUANLI YANJIU
蜂产品技术性贸易措施及进出口风险管理研究

出 品 人：王延生
策划编辑：代剑萍　卢　锋　尚　杰
责任编辑：尚　杰　姚　兰
封面设计：昌　珊　林　洋
版式设计：昌　珊
责任校对：李玉芝
责任印制：刘正兴　温天悦

出版发行者：大连出版社
　　　地址：大连市西岗区东北路161号
　　　邮编：116016
　　　电话：0411-83620245 / 83620573
　　　传真：0411-83610391
　　　网址：http://www.dlmpm.com
　　　邮箱：dlcbs@dlmpm.com
印　刷　者：大连天骄彩色印刷有限公司

幅面尺寸：170mm×240mm
印　　张：12
字　　数：170千字
出版时间：2025年3月第1版
印刷时间：2025年3月第1次印刷
书　　号：ISBN 978-7-5505-2399-9
定　　价：48.00元

前　　言

在全球经济一体化和国际贸易快速发展的背景下，蜂产品作为一种具有独特营养价值和保健功能的农产品，在国际市场上越来越受到青睐。然而，随着各国政府对食品安全和质量控制要求的不断提高，以及国际贸易中技术性贸易措施的频繁实施，蜂产品的进出口面临着诸多挑战和风险。

蜂产品技术性贸易措施是指各国政府为保护国家安全、人类健康、动物福利、环境及国内产业等目的，对蜂产品实施的一系列技术法规、标准、合格评定程序等。这些措施对蜂产品的生产、加工、包装、运输、销售等各个环节都提出了严格的要求，使得蜂产品的出口变得更加困难。同时，各国的技术法规、标准要求和检测方法的差异，导致中国出口蜂产品在国际市场上的竞争力和市场占有率受到一定影响。

首先，研究蜂产品技术性贸易措施及进出口风险，有助于了解各国对蜂产品的技术要求和贸易政策，为蜂产品的出口提供有针对性的指导和支持。深入研究各国的技术标准、法规要求和检测方法，可以帮助企业了解蜂产品的国际市场准入门槛和贸易壁垒，从而及时调整生产计划和销售策略，提高蜂产品的竞争力和市场占有率。

其次，研究蜂产品技术性贸易措施及进出口风险，有助于提升蜂产品的质量和安全水平。深入了解各国的技术法规、标准要求和检测方法，可以促使企业加强产品质量控制，提高产品的质量和安全水平，从而满足国际市场的需求和消费者的期望。同时，还可以推动蜂产品行业的标准化和规范化发展，提高行业的整体水平和竞争力。

最后，研究蜂产品技术性贸易措施及进出口风险，可以为政府制定相关政策提供科学依据。深入研究各国的技术标准和贸易政策，可以为政府制定更加合理有效的出口政策和措施提供参考，从而保护国内产业和消费者的利益。同时，还可以促进国际贸易的顺利进行，推动全球经济的繁荣和发展。

本书主要将深入分析蜂产品技术性贸易措施的内涵和特征，并评估其对蜂产品进出口的影响，特别是着重分析蜂产品技术性贸易措施的类型和内容。这些措施包括进口国关于蜂产品的法律法规和技术要求、进出口程序以及认证和认可制度等。我们将通过收集相关数据和案例，对这些措施进行深入研究，了解其背后的原因和目的。我们将分析这些措施是否真正起到了保护各国产业的作用，以及它们对蜂产品国际贸易的影响。同时，我们还将结合蜂产品市场的发展趋势，提出政策建议，为政策制定和产业发展提供参考。

目　　录

Contents

第一章

蜂产品定义及介绍

蜂产品，作为一类源自蜜蜂的天然产物，因丰富的种类和独特的营养价值而在食品、医药、美容等多个领域均得到了广泛应用。蜂产品是指通过蜜蜂采集、转化或分泌得到的天然产品，又称为蜜蜂产品。蜜蜂在采集植物花蜜、花粉、树脂等原料的过程中，会经过一系列复杂的生物转化过程，从而生产出包括蜂蜜、蜂蜡、蜂胶、蜂花粉等在内的多种产品。这些产品不仅具有独特的外观和理化性质，还含有丰富的营养成分和生物活性物质。

1.1 蜂产品的定义

中国国家标准《蜜蜂产品术语》（GB/T 20573—2006）规定了蜜蜂产品的基本术语和定义。蜜蜂产品是以产品来源划分而成的产品类别，其来源涉及动物（蜜蜂）、植物（蜜源植物、粉源植物、胶源植物等）。该标准明确，蜜蜂产品即蜂产品，是蜜蜂在生殖繁衍过程中形成的有用物质。可食用的蜂产品主要包括蜂蜜、蜂王浆、蜂花粉和蜂胶等。

1.1.1 蜂蜜

国际食品法典委员会（Codex Alimentarius Commission, CAC）由联合国粮食及农业组织（Food and Agriculture Organization of the United Nations, FAO，中文简称"粮农组织"）与世界卫生组织（World Health Organization, WHO，中文简称"世卫组织"）共同建立。该组织制定的国际食品法典中就包括蜂蜜标准（2019 年修订版），该标准对蜂蜜的定义是：蜜蜂采集植物的花蜜、活体植物的分泌物或吸吮活体植物上昆虫的排泄物等，带回巢房中，加入自身分泌的特殊物质进行转化、沉积、脱水并贮存于蜂巢中至成熟的天然甜物质。

中国国家标准《食品安全国家标准 蜂蜜》（GB 14963—2011）规定，蜂蜜是蜜蜂采集植物的花蜜、分泌物或蜜露，与自身分泌物混合后，经充分酿造而成的天然甜物质。此外该标准还要求，蜜蜂采集植物的花蜜、分泌物或蜜露应安全无毒，不得来源于雷公藤（*Tripterygium wilfordii* Hook.F.）、博落回 [*Macleaya cordata*（Willd.）R.Br]、狼毒（*Stellera chamaejasme* L.）等有毒蜜源植物。

1.1.2 蜂王浆

国际标准《蜂王浆——规范》（Royal jelly—Specifications，ISO 12824:2016）规定，蜂王浆是工蜂咽下腺和上颚腺分泌物的混合物，不含任何添加剂。

中国国家标准《蜂王浆》（GB 9697—2008）规定，蜂王浆又称蜂皇浆，是由工蜂咽下腺和上颚腺分泌的，主要用于饲喂蜂王和蜂幼虫的乳白色、淡黄色或浅橙色浆状物质。

1.1.3 蜂花粉

国际标准《蜂花粉——规范》（Bee pollen—Specifications，ISO 24382:2023）规定，蜂花粉是指蜜蜂采集植物花粉时将其置于后足所形成的不规则扁圆形团粒（颗粒）。新鲜或干燥蜂花粉富含蛋白质、脂肪等多种营养成分和多酚多糖等活性成分，具有美白、降脂、降糖等多种功效。

中国国家标准《食品安全国家标准 花粉》（GB 31636—2016）规定，蜂花粉即工蜂采集的花粉，包括单一品种蜂花粉（工蜂采集一种植物的花粉形成的蜂花粉）、杂花粉（工蜂采集两种或两种以上植物的花粉形成的蜂花粉，或两种及两种以上单一品种蜂花粉的混合物）和碎蜂花粉（蜂花粉团粒破碎后形成的粉末）。

1.1.4 蜂胶

国际标准《蜂胶——规范》（Bee propolis—Specifications，ISO 24381:2023）适用于西方蜜蜂蜂群蜂箱采集的蜂胶，即蜂胶原料。

中国国家标准《蜂胶》（GB/T 24283—2018）规定，蜂胶是工蜂采集胶源植物树脂等分泌物与其上颚腺、蜡腺等分泌物混合形成的胶黏性物质（因胶源植物不同，蜂胶主要分为杨树属、酒神菊属、桉树属、血桐属和地中海型等类型）。也可以说，蜂胶是工蜂从植物的树芽、树皮等部位采集的树脂，通过混入蜜蜂上颚腺、蜡腺等腺体的分泌物，经过生物转化而成的一种胶状物质。

1.2 国内生产监管环节蜂产品分类

2022年4月12日，国家市场监督管理总局发布《蜂产品生产许可审查细则（2022版）》（以下简称《细则》），该细则适用于蜂产品生产许可审查工作，将蜂产品分为四类，分别为蜂蜜、蜂王浆（含蜂王浆冻干品）、蜂花粉和蜂产品制品。具体蜂产品生产许可类别目录及定义见表1-1。

表 1-1　蜂产品生产许可类别目录及定义

食品类别	类别名称	品种明细	定义	说明
蜂产品	蜂蜜	蜂蜜	蜂蜜：以蜜蜂采集植物的花蜜、分泌物或蜜露，与自身分泌物混合后，充分酿造而成的天然甜物质为原料，经过滤、灌装等工艺加工而成的产品	—
	蜂王浆（含蜂王浆冻干品）	蜂王浆、蜂王浆冻干品	蜂王浆：别名蜂皇浆，以工蜂咽下腺和上颚腺分泌的，主要用于饲喂蜂王和蜂幼虫的浆状物质为原料，经过滤、灌装等工艺加工而成的产品 蜂王浆冻干品：以蜂王浆为原料经冷冻干燥、粉碎、包装等工艺加工而成的产品	—
	蜂花粉	蜂花粉	蜂花粉：以工蜂采集花粉，用唾液和花蜜混合后形成的物质为原料，经干燥、消毒灭菌、包装等工艺加工而成的产品	按照《食品安全国家标准 花粉》（GB 31636—2016）要求，油菜花粉、向日葵花粉、紫云英花粉、荞麦花粉、芝麻花粉、高粱花粉、玉米花粉等纳入生产许可管理范围。其他品种依据国务院卫生行政部门后续相关公告执行。松花粉属风媒花粉，该类产品参照蜂花粉相关要求执行
	蜂产品制品	蜂产品制品	以蜂蜜、蜂王浆（含蜂王浆冻干品）、蜂花粉或其混合物为主要原料，且在成品中含量大于50%，添加或不添加其他食品原料经加工制成的产品	以蜂蜜为原料生产蜂产品制品不得添加淀粉糖、糖浆、食糖

《细则》规定，蜂蜜、蜂王浆（含蜂王浆冻干品）和蜂花粉中不得添加任何其他物质。蜂产品制品中蜂蜜、蜂王浆（含蜂王浆冻干品）、蜂花粉或其混合物在成品中含量要大于50%，且以蜂蜜为原料生产蜂产品制品不得添加淀粉糖、糖浆、食糖。

《细则》鼓励企业使用巢蜜为原料生产蜂蜜。巢蜜是指在封盖的蜜脾内贮存的蜂蜜，由蜂巢和蜂蜜两部分组成，巢房封盖 90％以上（包括大块巢蜜、格子巢蜜、切块巢蜜）。

《细则》明确，蜂蜜、蜂王浆（含蜂王浆冻干品）易与蜂产品制品混淆，区分的关键是要依据产品配料表、执行标准、生产许可发证单元等综合判定。蜂王浆冻干粉会加工成冻干粉片、口服液、冻干粉胶囊、冻干粉豆，在分类上，可能会是压片糖果、饮料甚至保健食品等，可根据标签上是食品生产许可编号还是保健食品批准文号，以及产品的执行标准等准确区分。

第二章

Chapter 2

蜂产品技术性贸易措施概述

技术性贸易措施是指一个国家或地区为维护国家安全、保护人类健康和安全、保护动植物生命和健康、保护环境、保证产品质量和防止欺诈行为等而采取的技术法规、标准、合格评定程序（如认证）、卫生与植物卫生措施等强制性或自愿性的技术性措施。这些措施在国际贸易中发挥着至关重要的作用。

随着全球贸易的不断发展，技术性贸易措施逐渐成为各国保护本国产业、提升国际竞争力的重要手段。中国作为全球贸易的重要参与者，对技术性贸易措施的重视程度不断提升，国内相关法规和标准不断完善，技术水平也不断提高。同时，国外技术性贸易措施也日益严格，对中国产品出口造成了不小的压力。

在国内现状方面，近年来，中国制定了一系列法律法规和标准，加强了对产品进出口的技术性要求。这些措施涉及多个领域，包括环境保护、食品安全、知识产权等。同时，中国还积极参与国际技术交流与合作，推动技术性贸易措施的国际化与标准化。这些努力不仅提高了中国产品的技术水平，也促进了国际贸易的顺利进行。

在国外现状方面，一些发达国家和地区拥有较为完善的技术性贸易措施体系，对进口产品的技术要求非常高。这些措施包括严格的产品认证、检测、标签等，以及环保、安全等方面的限制。一些国家还利用技术性贸易措施作为贸易保护的手段，限制进口产品的进入。这些措施给中国产品出口带来了不小的挑战。

国内外技术性贸易措施的现状都呈现出日益严格的趋势。中国需要加强与国际标准的接轨，提高国内法规的透明度和可预测性，同时也需要加强技术研发和产品质量控制，提高产品的技术水平和市场竞争力。

2.1 蜂产品相关技术性贸易措施

蜂产品的技术性贸易措施是一个复杂而重要的议题，它涉及多个方面，旨在确保蜂产品的质量和安全，维护消费者权益，以及保护环境和人类健康。蜂产品相关技术性贸易措施主要包括对蜂产品的质量、安全、包装、标签及检验检疫等方面的要求。各个国家和地区根据自身的食品安全标准和动植物检疫规定，对进口蜂产品实施相应的技术性贸易措施。例如，欧盟对蜂蜜中的抗生素残留、重金属含量等有严格的标准；美国则对进口蜂产品的标签信息有明确的规定，要求标签上必须标明原产国、成分列表等信息。此外，一些国家还要求进口蜂产品必须经过特定的检验检疫程序，以防止外来病虫害的传入。因此，出口蜂产品的国家需要了解并遵守目标市场的相关技术性贸易措施，以确保产品顺利进入目标市场。

蜂产品技术性贸易措施的具体内容如下：

1.质量标准：各个国家和地区通常会制定严格的质量标准，以确保蜂产品的品质和安全性。这些标准可能涉及蜂蜜的纯度、蜂胶的活性成分含量、蜂花粉的营养成分等多个方面。

2.安全标准：包括卫生标准、农药残留标准、抗生素残留标准等，以确保蜂产品不会对人体健康造成危害。例如，欧盟对蜂蜜中氯霉素的残留量有严格的限制。

3. 检验与认证：要求蜂产品必须经过特定的检验程序，并可能需要获得相关的认证，如 ISO 认证、HACCP 认证等，以证明其符合质量标准和安全标准。

4. 包装与标签：对蜂产品的包装和标签也有严格的规定，以确保消费者能够准确了解产品的信息和用途。包装必须能够保护产品免受损坏，并确保产品的新鲜度和保质期。

5. 口岸检疫：世界动物卫生组织（World Organisation for Animal Health，WOAH）规定必须申报的蜜蜂疫病共有六种，分别是美洲蜂幼虫腐臭病、欧洲蜂幼虫腐臭病、蜜蜂瓦螨病、蜜蜂亮热厉螨病、蜜蜂盾螨病、蜂房小甲虫病。WOAH 对蜂蜜等相关蜂产品在国际贸易过程中造成蜜蜂疫病传播的风险大小进行了评估，认为不管进行贸易的蜂产品是供人类食用的，还是用于养蜂用途，都可能会造成美洲蜂幼虫腐臭病、欧洲蜂幼虫腐臭病、蜂房小甲虫病、蜜蜂亮热厉螨病等的传播。而且这一规定已被 WTO 明确规定为动物及其产品进行国际贸易时应遵循的规定。

2.2 蜂产品相关国际组织

2.2.1 国际标准化组织食品技术委员会蜂产品分技术委员会

国际标准化组织（International Organization for Standardization，ISO）成立于 1947 年，是标准化领域中的一个国际组织。ISO 负责当今世界上多数领域（包括军工、石油、船舶等垄断行业）的标准化活动，通过 2856 个技术机构（其中含技术委员会 185 个、分技术委员会 611 个、工作组 2022 个、特别工作组 38 个）开展技术活动。

2017 年 9 月，经国际标准化组织 / 技术管理局（ISO/TMB）109 号决议，同意在食品技术委员会下成立蜂产品分技术委员会（ISO/TC34/SC19）。截至 2024 年 8 月，SC19 有 P 成员（有表决权）34 个，O 成员（无表决权）29 个，下设蜂蜜工作组（WG1）、蜂胶工作组（WG2）、蜂花粉工作组（WG3）及蜂王浆工作组（WG4），主要负责蜂产品国际标准制定及相关工作。迄今为止，中国已经主导制定了《蜂胶——规范》《蜂花粉——规范》《蜂王浆——规范》《蜂王浆生产规范》三类四部国际标准。这也是中国蜂产品实力的体现。

2.2.2 国际养蜂工作者协会联合会

国际养蜂工作者协会联合会是由世界各国的养蜂工作者协会联合组成的国际性学术团体，简称国际养蜂联合会。该联合会的宗旨是加强国际养蜂科研工作的协作，交流养蜂技术经验和生产情况，促进养蜂事业的发展。

国际养蜂联合会秘书处设在意大利首都罗马。联合会所属的国际养蜂技术和经济研究所以及《养蜂动态》编辑出版部均设在罗马尼亚首都布加勒斯特。从 1961 年开始，每两年召开一次国际养蜂会议，同时举办养蜂博览会，由各国厂商展出蜂具、蜂产品和出版物。此外，还分别召开一些专业的或地区性的养蜂学术讨论会。国际养蜂联合会设荣誉委员会、执行委员会、检查委员会和常设委员会。荣誉委员会由历届国际养蜂会议的执行主席和对养蜂业有重大贡献的各国养蜂专家组成。执行委员会主持联合会日常工作。常设委员会有养蜂经济学、蜜蜂生物学、蜜蜂病理学、蜜源植物和蜜蜂授粉、养蜂技术和蜂具 5 个学组，另外还有一个独立活动的蜜蜂医疗组。

2.2.3 亚洲养蜂研究会

亚洲养蜂研究会（Asian Apicultural Association，AAA，简称亚洲蜂联）是在亚洲养蜂业科学家们的倡导下于 1992 年成立的，联络亚太地区蜂业界科学家、蜂业工作者、生产者和养蜂爱好者的一个非营利性民间组织，其宗旨是促进亚洲养蜂业的技术交流与发展，探讨养蜂业科学中共同感兴趣的问题，鼓励国际合作，为亚洲国家之间的蜂业交流与合作提供良好的平台，尤其是为研究亚洲蜜蜂种类及其生物学提供交流知识和信息的共有平台。亚洲蜂联积极与亚洲国家各养蜂业学会 / 协会相关研究机构、教育机构等广泛开展合作，以更好地促进亚洲蜂业健康快速发展。

亚洲蜂联下设蜜蜂生物学、蜜蜂病虫害、蜜蜂与环境、蜜源植物与授粉、养蜂技术、蜜蜂产品与蜂疗、养蜂经济与蜂业拓展七个分支机构。

2.3 蜂产品涉及蜜蜂疫病要求

蜜蜂疫病包括多种由病毒、细菌、真菌等引起的疾病，这些疾病对蜜蜂的健康和养蜂业的发展构成了严重威胁。蜂产品在生产过程中可能携带蜜蜂疫病病原体，这些病原体可能通过蜜蜂的唾液、花粉、蜂蜡等传播到蜂产品中。对于进口蜂产品的国家或地区而言，由于进口蜂产品来源复杂，经过长途运输和储存，更容易受到污染和携带疫病病原体。

一方面，蜂产品的流通可能促使蜜蜂疫病的跨地区传播。例如，携带病原体的蜂产品可能被运输到无病区，从而引发新的疫情。另一方面，蜂产品在加工和储存过程中，如果卫生条件不达标，也可能导致病原体的进一步扩散和交叉污染。

2.3.1 WOAH 蜜蜂疫病要求

WOAH 规定必须申报的蜜蜂疫病共有六种，分别是美洲蜂幼虫腐臭病、欧洲蜂幼虫腐臭病、蜜蜂瓦螨病、蜜蜂亮热厉螨病、蜜蜂盾螨病、蜂房小甲虫病。

WOAH《陆生动物卫生法典》就蜂病提出官方卫生控制指南。该指南有助于在国家层面控制地方性蜂病和检测外来疫病侵入，保证安全进行蜜蜂、蜂类产品和已使用过养蜂设备的国际贸易，其中该法典第 4.15 章《关于蜂病的官方卫生管控》为总体原则，具体建议和要求在该法典第 9 章《蜜蜂科》中体现。

1. 卫生管控章节

（1）概述

每个国家或地区的蜂病官方卫生控制措施应包括：

①国家或地区的养蜂场需在兽医主管部门或其他主管部门正式注册；

②设有进行持续性卫生监测的机构；

③种蜂场的出口贸易需经审批；

④养蜂设备的清洁、消毒和杀虫措施；

⑤关于签发国际兽医证书所需遵守的规章。

（2）注册养蜂场

养蜂场注册是制订蜂病监测和控制区域管理计划的第一步。只有了解蜜蜂密度和位置才能设计有效的采样方案来预测疫病传播，并设计针对高风险区域的监测计划。

应每年对养蜂场进行一次注册。注册时可提供多方面信息，如未来12个月内养蜂场预期地点、每个养蜂场平均蜂群数量、养蜂场主的姓名和住址。应首先注册养蜂场的主要地点（一年中大部分时间的蜂巢所在地），如可能，还需注册养蜂场的季节性地点。

（3）官方监测

国家兽医主管部门或其他主管部门应负责管理蜂场长期官方卫生监测的组织工作。

对于蜂场的长期官方卫生监测应在兽医主管部门或其他主管部门的管辖之下，并应由主管部门的代表或批准机构的代表执行，可由经专门培训取得"卫生检验员和顾问"资格的养蜂员协助工作。

官方监测机构应负责以下任务：

①查访养蜂场。

A. 根据整个国家或地区疫病风险发生情况，每年应在最宜检出蜂病的期间查访相应的养蜂场；

B. 可针对特殊情况对养蜂场进行额外的查访，如贸易、养蜂场转移到其他地区或其他任何有可能传播疫病时。

②采集诊断疫病所需的样本，迅速向实验室送检，实验室应在最短时间内向兽医主管部门或其他主管部门报告检验结果。

③采取各种卫生措施，尤其是对蜂群进行治疗、养蜂设备消毒，必要时，销毁感染蜂群或可疑蜂群及污染设备，以确保迅速扑灭疫病。

（4）出口审批

出口国/地区兽医主管部门或其他主管部门负责规定出口贸易用养蜂场的审批条件。

养蜂场应：

①至少在过去两年内，每年至少（在最适宜检出 WOAH 名录蜂病期间）接受一次卫生检验员和顾问基于风险的查访，以检验是否存在名录规定的蜂病。查访过程中，根据进出口国/地区的情况决定检查项目的数量，至少应系统检查养蜂场 10% 的有蜂蜂箱及旧养蜂设备（特别是贮存蜂巢的设备），同时采样送实验室检测，根据进口国/地区或出口国/地区的情况，不能存在须向兽医主管部门或其他主管部门通报的名录规定蜂病的阳性结果。

② 根据进口国/地区和出口国/地区的流行病学状况，养蜂场应定期采样送检，以确认无 WOAH 名录规定的蜂病。为达到此目的，应采用符合本法典相关章节规定的方法，检测统计学有效数量的蜂群。

养蜂场主应：

①在养蜂场发生 WOAH 名录规定的蜜蜂疫病时或了解其他养蜂场有此种情况时，应立即通报兽医主管部门或其他主管部门。

② 除非兽医主管部门或其他主管部门认定其他养蜂场与本养蜂场的卫生状况相同或高于本养蜂场，或者使用过的养蜂设备或蜂产品已按本法典相关章节描述的程序进行处理，否则不能从其他养蜂场引进任何蜜蜂（包括成虫期以前）、使用过的养蜂设备及蜂产品。

③ 采用专门繁育和运输技术，确保免受外界污染，尤其是蜂王和工蜂的培育和送样，以便在进口国/地区能进行重复检验。

④在蜜蜂繁育和送样期间，至少每30天采集一次相应样本送实验室检验，所有阳性结果需正式上报至兽医主管部门或其他主管部门。

（5）清洁与消毒或灭虫

国家兽医主管部门或其他主管部门在对本国养蜂设备的卫生和消毒进行监督和管理时，应考虑下列建议：

① 对保存在已确认感染某种蜜蜂传染病的养殖场的任何设备，应采取相应程序，以确保消除病原体。

② 在任何情况下，可先采取清洗设备等程序，然后根据疫病特征进一步采取卫生措施、消毒措施或杀虫措施。

③不能采取上述相关程序处理的感染或污染的设备，应当销毁，最好是焚烧处理。

④卫生消毒用的消毒剂和消毒或杀虫方法必须被兽医主管部门或其他主管部门认定为有效，而且不会影响设备的使用和质量，从而不影响蜜蜂卫生或蜂产品质量。

（6）出口兽医证书

证书内容包括带蜂蜂箱、巢脾、王台、使用过的养蜂设备和蜂产品。证书文件应按本法典第5.10章中的模板进行准备，同时参考本法典蜂病章节有关内容。

2.蜂病章节

法典第9篇《蜜蜂科》包括6部分，分别介绍了蜜蜂盾螨病、美洲蜂幼虫腐臭病、欧洲蜂幼虫腐臭病、蜂房小甲虫病、蜜蜂亮热厉螨（小蜂螨）病和蜜蜂瓦螨（大蜂螨）病的病原体、主要症状、传播方式和防控措施等内容，这些措施旨在保护蜜蜂健康，促进养蜂业的可持续发展。

2.3.2 中国《一、二、三类动物疫病病种名录》

2022 年 6 月 23 日，农业农村部根据《中华人民共和国动物防疫法》有关规定，发布中华人民共和国农业农村部公告第 573 号，对原《一、二、三类动物疫病病种名录》进行了修订，其中纳入二类动物疫病的蜜蜂病（2 种）为美洲蜂幼虫腐臭病、欧洲蜂幼虫腐臭病，纳入三类动物疫病的蜜蜂病（5 种）为蜂螨病、蜜蜂瓦螨病、蜜蜂亮热厉螨病、蜜蜂孢子虫病、蜜蜂白垩病。

2.3.3 《中华人民共和国进境动物检疫疫病名录》

为防范动物传染病、寄生虫病传入，保护中国畜牧业及渔业生产安全、动物源性食品安全和公共卫生安全，根据《中华人民共和国动物防疫法》《中华人民共和国进出境动植物检疫法》等法律法规，农业农村部会同海关总署组织修订了《中华人民共和国进境动物检疫疫病名录》，并于 2020 年 1 月 15 日发布。

纳入二类传染病、寄生虫病的蜂病（6 种），具体包括：

①蜜蜂盾螨病（Acarapisosis of honey bees）；

②美洲蜂幼虫腐臭病 [Infection of honey bees with *Paenibacillus larvae*（American foulbrood）]；

③欧洲蜂幼虫腐臭病 [Infection of honey bees with *Melissococcus plutonius*（European foulbrood）]；

④蜜蜂瓦螨病（Varroosis of honey bees）；

⑤蜂房小甲虫病（蜂窝甲虫）[Small hive beetle infestation（*Aethina tumida*）]；

⑥蜜蜂亮热厉螨病（Tropilaelaps infestation of honey bees）。

纳入其他传染病、寄生虫病的蜂病（2 种），包括：

①蜜蜂孢子虫病（Nosemosis of honey bees）；

②蜜蜂白垩病（Chalkbrood of honey bees）。

2.4 蜂产品国际标准简介

2.4.1 食品法典《蜂蜜》标准（CAC）

1. 食品法典（Codex Alimentarius）

1962 年，联合国粮食及农业组织和世界卫生组织成立食品法典委员会，通过制定全球推荐的食品标准及食品加工规范，协调各国的食品标准立法并指导其食品安全体系的建立。食品法典以统一的形式提出并汇集了国际上已采用的全部食品标准，包括所有向消费者销售的加工食品、半加工食品或食品原料的标准。有关食品卫生、食品添加剂、农药残留、污染物、标签及说明、采样与分析方法等方面的通用条款及准则也列在其中。另外，食品法典还包括了食品加工的卫生规范和其他推荐性措施等指导性条款。食品法典包括 237 个通用标准和食品品种标准、35 种食品加工卫生规范。食品法典委员会还评价了 500 多种食品添加剂和污染物的安全性并制定了3000 余个农药最大残留限量标准。

2.《蜂蜜》标准（CXS 12–1981）（2019 年版）

食品法典委员会在 1981 年通过了《蜂蜜》标准（CXS 12–1981），并于 1987 年和 2001 年对标准进行了修订，2019 年对标准进行了修正。该标准采取自愿原则，非政府强制采用。

（1）范围

第一部分适用于所有蜜蜂采集酿造的蜂蜜，包含所有经加工最终用于直接食用的蜂蜜类型。第二部分适用于工业或其他食品配料的蜂蜜，以及装在散装容器中销售的蜂蜜，可重新包装成零售包装。

（2）说明

蜂蜜、花蜜、甘露蜜产品的定义和说明。

（3）基本成分、质量指标、食品添加剂和污染物

直接销售的蜂蜜不得添加任何食品配料，也不得添加除蜂蜜之外的任

何其他物质。蜂蜜应无任何有害的物质、杂味、香味或在加工和贮藏期间吸收的污染物。蜂蜜不应有发酵或起泡现象。花粉或蜂蜜特有的物质不应去除，除非是在外来无机或有机物质净化过程中不可避免的损失。在加热和加工过程中不得改变其基本成分，不得影响其品质。不得使用化学或生物化学方法处理，以影响蜂蜜结晶。蜂蜜质量指标见表 2-1。

表 2-1　蜂蜜质量指标

质量指标	蜂蜜种类	含量
水分	通常	≤ 20%
	石楠属蜜	≤ 23%
果糖和葡萄糖之和	通常	≥ 60g/100g
	甘露蜜、甘露蜜和花蜜混合蜜	≥ 45g/100g
蔗糖	通常	≤ 5g/100g
	紫花苜蓿蜜、柑橘蜜、洋槐蜜、法国忍冬属蜜、山茂木坚花蜜、红树胶蜜、革树蜜、蜜藏花属蜜	≤ 10g/100g
	薰衣草蜜、琉璃苣蜜	≤ 15g/100g
水不溶性固体物质含量	非压榨蜜	≤ 0.1g/100g
	压榨蜜	≤ 0.5g/100g
食品添加剂	不允许使用	
重金属	符合国际食品法典委员会制定的重金属最大限量的规定	
农药残留和兽药残留	应符合国际食品法典委员会为这类产品制定的农药和兽药最大残留限量的规定	

（4）卫生

①产品的制作和处理应遵守《食品卫生总则》（CAC/RCP 1—1969）相应条款，以及国际食品法典委员会推荐的其他相关操作规范。

②符合《食品微生物标准的制定和应用准则》（CAC/GL 21—1997）制

定的所有微生物标准。

（5）标识

除符合《预包装食品标签通用标准》（CODEX STAN 1—1985）的要求外，还做了详细的规定，包括产品名称、非零售包装标识。

（6）抽样和分析方法

用于测定组分和品质指标的抽样和分析方法见表2-2。

表 2-2　用于测定组分和品质指标的抽样和分析方法

测定组分和品质指标	抽样和分析方法
样品制备	按照 AOAC 920.180 制备样品
水分含量	AOAC 969.38B/ 协会公共分析方法（1992）28（4）183–187 / 农业、渔业和食品部官方方法"蜂蜜中水分的测定"中所述方法
糖含量	尚未最终完成
水不溶性固体物质含量	AOAC 协会公共分析方法（1992）28（4）189–193 / 农业、渔业和食品部官方方法"蜂蜜中不溶固体的测定"中所述方法
电导率	尚未最终完成
蜂蜜中添加糖[1]	AOAC 977.20 用于糖定性。 AOAC 991.41 内标法用于 SCIRA（稳定碳同位素比率分析）

（7）附件

附件拟作商业伙伴自愿采用，非政府强制采用（表2-3）。

表 2-3　附加组分和质量指标的检测方法

附加组分	质量指标	检测方法
游离酸	≤ 50mg/1000g	AOAC 协会公共分析方法（1992） 28（4）171–175/ 农业、渔业和食品部官方方法"蜂蜜中酸的测定"中所述方法
淀粉酶活性	通常 ≥ 8 个单位，含天然酶低的蜂蜜 ≥ 3 个单位	AOAC 958.09 所述方法

[1] 糖类法典委员会（Codex Committee on Sugars, CCS）表明已经有方法能用于检测蜂蜜中蔗糖添加。

附加组分	质量指标	检测方法
羟甲基糠醛	通常 ≤ 40mg/kg，产自热带气候的蜂蜜 ≤ 80mg/kg	AOAC 980.23 所述方法
电导率	通常 ≤ 0.8mS/cm； 甘露蜜和栗子蜜 ≥ 0.8mS/cm； 例外：草莓蜜（*Arbutus unedo*）、欧石楠属蜜 （*Erica*）、桉树蜜、椴树蜜（*Tilia* spp.）、 帚石楠属蜜（*Calluna vulgaris*）、胶状灌木蜜 （*Leptospermum*）、茶树蜜（*Melaleuca* spp.）	—

2.4.2 国际养蜂联合会关于蜂蜜欺诈的声明

2019 年 1 月，国际养蜂联合会发布关于蜂蜜欺诈行为的声明，该声明代表了国际养蜂联合会对于蜂蜜纯度、真实性以及伪劣品检测的官方立场，旨在为全球蜂业可持续发展以及为消费者和相关利益者服务。这是一个严峻和现实的问题，值得蜂业界深思。下面附该声明简介：

1. 目的

国际养蜂联合会关于蜂蜜欺诈的声明是国际养蜂联合会关于蜂蜜纯度、真实性以及目前现有最值得推荐的监测欺诈的方法的官方立场。本声明旨在成为官方、贸易商、超市、零售商、制造商、消费者以及蜂蜜贸易链上的其他相关利益方的一个值得信任的消息来源，以确保他们了解针对蜂蜜纯度和真实性监测方法的最新进展。

2. 责任

国际养蜂联合会内应对造假的工作组，将在每年或在了解到有最新重大的信息时，负责准备和审核本声明。工作组通过与从事蜜蜂研究的权威科学家、技术专家、专业蜂蜜监测实验室或者其他拥有丰富市场经验和养蜂知识的机构磋商，确保本声明可以反映在此问题上的最新的信息和集体观点。鉴于蜂蜜欺诈的动态属性，本声明将被定期地评估和更新，且每次本声明所涵盖的领域有重大科学进展时更新。此类更新将发布在国际养蜂联合会的官方网站和其他合适的出版物上。

3. 从花蜜到蜂蜜的转化

蜜蜂将花蜜转化成蜂蜜是经过数千年进化的结果。当蜂群周围没有蜜源时，蜜蜂为自己长期提供食物储备，降低蜂蜜中含水量、提高糖浓度、降低pH以及具有不同的抗菌物质，使蜂蜜成为不会发酵且可长时间保存的食物。

成熟蜂蜜来自蜜蜂采集的花蜜，在采集和归途中，蜜蜂将花蜜/蜜露存入胃中。在蜂蜜熟化过程中，蜜蜂会加入诸如蔗糖酶等，防止蜂蜜发酵。当蜂巢中填满成熟蜂蜜后，蜜蜂会用蜂蜡密封蜂巢。

如果养蜂人在蜂蜜成熟之前收割蜂蜜，则会导致非觅食蜜蜂更早地成为觅食蜜蜂，这样会提高蜂群的产蜜能力，但这种方式违反了蜂蜜的生产原则，会改变最终产品的成分。这种产品不符合消费者的期望。

4. 消费者的期望

早期人类食用蜂蜜时接触的是成熟蜂蜜，这种对蜂蜜的感官属性使人类产生了某种期望值。由于蜂蜜是那个时代唯一的甜味剂，于是人类尝试养蜂，以便得到封盖的蜂窝、成熟蜂蜜和蜂蜡。人类对蜂蜜的期待代代相传，流传至今。人们对蜂蜜的认知没有改变，依然使用与古代一样的食用方法。

5. 关于蜂蜜的定义

国际养蜂联合会遵循国际食品法典对蜂蜜的定义以及蜂蜜的基本成分和质量因素的描述：

（1）蜂蜜不得有任何食品配料，包括食品添加剂，或在加工和储存过程中从其他外来物质中吸附的污染物。不应有发酵或起泡现象。花粉或蜂蜜中特有的组成部分不得被去除。

（2）蜂蜜不得被加热或加工至会改变其重要成分或影响其质量的地步。

（3）化学或生物化学处理不得用于影响蜂蜜结晶。

归纳起来，蜂蜜是完全在蜂巢内部发生的将花蜜/蜜露转化这一复杂过程所产生的结果。

6. 概览

史料记载，蜂蜜欺诈行为长期存在，但从未如此严重：

（1）蜂蜜开始成为一种稀有的、生产起来很昂贵的产品；

（2）通过造假有机会获得丰厚利润；

（3）蜂蜜造假方式变化很快；

（4）官方监测方法——元素分析仪与稳定同位素质谱仪（AOAC 998.12）无法检测出当前蜂蜜掺假。

蜂蜜欺诈是一种故意犯罪行为，是通过销售不符合标准的产品获得经济利益。

以下方式可认为是蜂蜜欺诈：

（1）使用各种糖浆、食糖等稀释，如玉米糖浆、蔗糖、甜菜糖、大米糖浆、小麦糖浆等；

（2）收割非成熟蜂蜜，通过使用技术设备（包括但不限于真空烘干机）进行脱水；

（3）使用离子交换树脂去除蜂蜜中的残留物，使蜂蜜颜色淡化；

（4）掩盖或错误标识蜂蜜的地理原产地或植物原产地；

（5）花蜜流蜜期人工饲喂蜜蜂。

使用上述任何一种方法得到的产品不得被称为"蜂蜜"或"混合蜂蜜"，因为标准只允许纯正蜂蜜之间的混合。

7. 原则

国际养蜂联合会致力于指导全球养蜂业可持续发展，始终支持生产高品质、纯正的、赋予自然属性的天然蜂蜜。国际养蜂联合会支持让蜜蜂充分发挥作用的生产方式，以保持蜂蜜的完整和品质，反对人为或技术手段加速蜂蜜自然成熟的生产方式。

8. 蜂蜜掺假的影响

当前，蜂蜜欺诈问题已在全球泛滥，严重影响全球蜂蜜的价格和养蜂经营者的生存。国际养蜂联合会的执行理事会将蜂蜜欺诈定义为影响全球养蜂业生存的两大挑战之一。

根据《美国药典》食品欺诈数据库，蜂蜜在"最受欢迎的"食品掺假目标中排第三位，仅排在牛奶和橄榄油之后。同样，欧盟也认为蜂蜜是欺诈高风险产品。

只要蜂蜜欺诈、客户欺诈和违反国内国际贸易法律的行为持续，世界养蜂人的福祉和稳定就处于危险之中。蜂蜜欺诈既破坏了蜂蜜作为纯天然产品的形象，也损害了消费者的利益，这种状况危害食品安全和生态可持续发展。

9.解决方案

打击蜂蜜欺诈的策略包括：通过媒体宣传和出版物传播，提升大众对养蜂业的认识，并增强消费者的意识；在那些法规不符合食品法典标准的国家以及那些不能向食品法典实施的国家出口产品的国家，增强零售商和包装商的质检意识；加强各国政府和零售商的合作，定期评估其蜂蜜标准，使用最先进的方法来检测蜂蜜；加强跨国执法机构和科研院所的合作意识。

10.关于确认蜂蜜真实性的建议

国际养蜂联合会建议使用多种方法来打击蜂蜜欺诈行为：

（1）可追溯性。

（2）检测：国际养蜂联合会建议依照具体的情形选择检测方法。核磁共振法是当前检测不同形式蜂蜜欺诈的最好方法，还可以组合其他有针对性的检测，如 AOAC 998.12、蜂蜜外源性酶活性、小分子化合物或基于 DNA 的糖浆特异标记、蜂蜜外源性低聚糖、液相色谱同位素质谱法等。

国际养蜂联合会支持新技术研发，支持建立国际原产蜂蜜数据库，鼓励不同的蜂蜜分析实验室之间更为开放的分析信息交流。

（3）审计和质量保证计划：国际养蜂联合会建议，无论是进出口蜂蜜的进出口商，还是每年加工或生产超过 20 吨蜂蜜的生产加工商，这些相关利益方应建立"食品安全和质量保证计划"。

2.4.3 蜂产品 ISO 国际标准

国际标准化组织是一个由国家标准化机构（ISO 成员机构）组成的全球联合会，成员由来自世界上 100 多个国家和地区的国家标准化团体组成，代表中国的国家机构是中国国家标准化管理委员会。ISO 与国际电工委员会（International Electrotechnical Commission，IEC）作为一个整体，有约 1000个专业技术委员会和分委员会，还有约 3000 个工作组，共同担负着制定全球协商一致的国际标准的任务，每年制定和修订约 1000 个国际标准。ISO 和 IEC 都是非政府机构，制定的标准是自愿性的，意味着这些标准必须是优秀的标准，会给工业和服务业带来收益。

2017 年 9 月，国际标准化组织 / 技术管理局（ISO/TMB）109 号决议批准成立蜂产品分技术委员会（SC19），即国际标准化组织食品技术委员会蜂产品分技术委员会（ISO/TC34/SC19）。秘书处设在中国南京老山药业股份有限公司。截至 2024 年 8 月，SC19 共有 34 个 P 成员（拥有表决权）、29 个 O 成员（拥有参与权）。SC19 下设 4 个工作组：WG1 蜂蜜工作组；WG2 蜂胶工作组；WG3 蜂花粉工作组；WG4 蜂王浆工作组。

SC19 主要负责蜂产品及相关方面的国际标准化工作，覆盖所有形式的蜂产品（蜂蜜、蜂蜡、蜂王浆、蜂花粉、蜂胶、蜂幼虫等）的全过程和流通的标准化，包括但不限于以下内容：定义、养蜂实践、规格、运输、基本工艺、测试方法和测试方法的要求、贮存、质量等（不含 TC34/SC17 中已经涵盖的食品安全标准）。

SC19 成立以来，各工作组积极开展工作，已先后制定和发布了若干基础性蜂产品 ISO 国际标准，也不断有新的立项提案提出并获得通过（表 2-4）。ISO 国际标准的发布将会对蜂产品国际贸易产生长期而深远的影响，列入 ISO 国际标准的各蜂产品指标可能会作为蜂产品国际贸易的依据，因而相关蜂产品主要贸易方均积极参与。

表2-4 目前已发布或即将发布的蜂产品 ISO 国际标准

蜂产品	ISO 标准号	制定年份	适用范围	内容
蜂王浆	ISO 12824:2016	2016	适用于蜂王浆生产（采集、初加工和包装）和贸易环节。本国际标准不适用于混有其他食品的蜂王浆产品	规定了蜂王浆的生产和卫生要求，并建立了一系列感官和化学检验方法来控制蜂王浆的质量。还规定了蜂王浆的运输、储存、包装和标识要求
蜂胶	ISO 24381:2023	2023	适用于从西方蜜蜂蜂箱采集的蜂胶，即蜂胶原料	规定了蜂胶的术语、定义、分类、质量要求、真实性要求、试验方法步骤、运输、储存、包装和标识
蜂花粉	ISO 24382:2023	2023	适用于西方蜜蜂和其他蜂群物种在蜂箱入口处采集的蜂花粉；干燥、冷冻和冻干的蜂花粉。不适用于粉碎的粉状蜂花粉和由蜂花粉制成的产品	规定了蜂花粉的术语和定义、质量要求、分析方法、包装、标识、储存和运输条件
蜂王浆	ISO 24364:2023	2023	适用于蜂王浆的生产	规定了蜂王浆的生产条件、生产过程管理及储存和运输要求
蜂蜜	ISO/DIS 24607：2024（2024 年 8 月 DIS 征求意见稿阶段）	2025（预计）	适用于西方蜜蜂生产的蜂蜜。只要符合标准，并最终用于人类直接食用，或作为食物的一种成分用于间接食用的其他种类蜜蜂生产的蜂蜜也适用于此范围。不作为食品供人类食用的蜂蜜，被排除在此范围之外	规定了蜂蜜的术语和定义、质量要求、包装、标识、标签、储存和运输要求、采样和样品制备要求

2.5 蜂产品贸易发展与进展

2.5.1 国内外市场现状分析

国内蜂产品市场近年来呈现出稳步增长的趋势。这一趋势得益于国内消费者对健康食品日益增长的需求，以及对蜂产品独特功效的逐渐认识。在此背景下，国内蜂产品市场规模持续扩大，产量和销量均稳步增长。同时，蜜蜂养殖产业也得到了快速发展，为蜂产品市场提供了有力支撑。然而，在快速发展的同时，国内市场也面临着一系列挑战。蜂产品品质参差不齐的问题依然存在，部分产品存在假冒伪劣现象，严重损害了消费者的权益。蜂产品市场竞争日益激烈，品牌建设和市场推广成为企业获取市场份额的关键。

在国际市场方面，蜂产品贸易活跃，各国间蜜蜂养殖和蜂产品加工技术交流频繁。这为国内蜂产品企业提供了更广阔的市场机遇。然而，不同国家和地区的蜂产品标准和法规存在差异，这给国际贸易带来了一定的挑战。国际贸易保护主义抬头，也增加了蜂产品出口的难度。为了应对这些挑战，国内蜂产品企业需要加强品质控制，提高产品竞争力，同时积极了解国际市场动态，调整出口策略。

2.5.2 蜂产品贸易重要性评估

蜂产品贸易在全球贸易中占据不可忽视的地位，蜂产品作为农产品的一种，对于各国经济发展、农业产业升级以及国际贸易关系的构建都具有深远的影响。蜂产品不仅在国内市场受到消费者的青睐，同时也是出口创汇的重要农产品之一，为农业经济发展注入了强大的动力。

蜂产品贸易的重要性首先体现在蜂产品的经济价值上。蜂产品在国际市场上具有较高的价格，为出口国带来了可观的外汇收入。同时，蜂产品的生产和加工也带动了相关产业的发展，如包装、物流、加工等，为当地创造了大量的就业机会。蜂产品还具有较高的附加值，通过深加工和品牌建设，可以进一步提升其经济价值，为农业生产者带来更多的收益。

　　然而，蜂产品贸易也面临着一些风险和挑战。国际贸易环境的不确定性给蜂产品出口带来了较大的市场风险。各国对于蜂产品的质量和安全要求日益严格，技术性贸易措施层出不穷，给蜂产品出口带来了较大的挑战。为了应对这些风险和挑战，加强蜂产品的质量控制、标准制定和法规执行至关重要。同时，加强国际合作和交流，共同应对国际贸易中的问题和挑战，也是保障蜂产品贸易顺利进行的重要途径。

第三章

Chapter 3

中国蜂产品技术性贸易措施及监管体系

3.1 中国蜂产品技术法规体系

3.1.1 蜂产品相关法律

《中华人民共和国宪法》规定：全国人民代表大会和全国人民代表大会常务委员会行使国家立法权。法律由全国人民代表大会和全国人民代表大会常务委员会制定和修改，由国家主席签署主席令予以公布。中国公布的与蜂产品相关的法律主要有《中华人民共和国畜牧法》《中华人民共和国农产品质量安全法》《中华人民共和国食品安全法》等。

1.《中华人民共和国畜牧法》

2022年10月30日，第十三届全国人民代表大会常务委员会第三十七次会议修订通过《中华人民共和国畜牧法》，自2023年3月1日起施行。

《中华人民共和国畜牧法》是为了规范畜牧业生产经营行为，保障畜禽产品供给和质量安全，保护和合理利用畜禽遗传资源，培育和推广畜禽优良品种，振兴畜禽种业，维护畜牧业生产经营者的合法权益，防范公共卫生风险，促进畜牧业高质量发展制定的法律。在总共十章九十四条中，涉及蜂业专列了四条，其中有条款规定："蜂、蚕的资源保护利用和生产经营，适用本法有关规定。"该法在修订时考虑到养蜂业和蚕桑业是中国重要的传统动物饲养产业，并在世界上占有十分重要的地位。长期以来，这两个行业的管理立法严重滞后，特别是蜂农权益保护、蜂产品生产环节的污染控制、蚕种资源保护及新品种选育等环节，亟须建立相应的管理制度。因此，《中华人民共和国畜牧法》将蜂、蚕纳入调整范围之中。

该法规定，国家支持发展养蜂业，保护养蜂生产者的合法权益。有关部门应当积极宣传和推广蜂授粉农艺措施。养蜂生产者在生产过程中，不得使用危害蜂产品质量安全的药品和容器，确保蜂产品质量。养蜂器具应当符合国家标准和国务院有关部门规定的技术要求。养蜂生产者在转地放蜂时，当地公安、交通运输、农业农村等有关部门应当为其提供必要的便利。养蜂生产者在国内转地放蜂，凭国务院农业农村主管部门统一格式印制的检疫证明运输蜂群，在检疫证明有效期内不得重复检疫。

2.《中华人民共和国动物防疫法》

《中华人民共和国动物防疫法》由第八届全国人民代表大会常务委员会第二十六次会议于1997年7月3日通过，中华人民共和国主席签署中华人民共和国主席令（第八十七号），自1998年1月1日起施行。《中华人民共和国动物防疫法》是为了加强对动物防疫活动的管理，预防、控制、净化、消灭动物疫病，促进养殖业发展，防控人畜共患传染病，保障公共卫生安全和人体健康而制定的法律。根据《中华人民共和国动物防疫法》中对检疫对象的界定可知："本法所称动物，是指家畜家禽和人工饲养、捕获的其他动物。本法所称动物产品，是指动物的肉、生皮、原毛、绒、脏器、脂、血液、精液、卵、胚胎、骨、蹄、头、角、筋以及可能传播动物疫病的奶、蛋等。本法所称动物疫病，是指动物传染病，包括寄生虫病。"蜜蜂属于人工饲养动物，因此归属于检疫对象。同时蜂产品本身属动物产品，也在该法适用范围内。

2021年1月22日，第十三届全国人民代表大会常务委员会第二十五次会议通过新修订的《中华人民共和国动物防疫法》，自2021年5月1日起施行。本次修订主要涉及以下方面：一是强化对重点动物疫病的净化、消灭，在全面防控的基础上，推动动物疫病从有效控制到逐步净化、消灭转变；二是强化非食用性利用野生动物检疫检验；三是强化生产经营者的防疫主体责任、行业部门的监管责任和地方政府的属地管理责任；四是强化动物疫源疫情的监测预警；五是强化动物防疫制度体系建设；六是强化基层动物防疫体系能力建设，完善保障措施。

3.《中华人民共和国农产品质量安全法》

《中华人民共和国农产品质量安全法》是为了保障农产品质量安全，维护公众健康，促进农业和农村经济发展制定的法律。该法于2006年4月29日由第十届全国人民代表大会常务委员会第二十一次会议通过，根据2018年10月26日第十三届全国人民代表大会常务委员会第六次会议《关于修改〈中华人民共和国野生动物保护法〉等十五部法律的决定》修正。2022年9月2日第十三届全国人民代表大会常务委员会第三十六次会议修订，自2023年1月1日起施行。

该法共分为八章，分别为总则、农产品质量安全风险管理和标准制定、农产品产地、农产品生产、农产品销售、监督管理、法律责任和附则。主要从以下几个方面进行了规定：一是农产品的定义、农产品质量安全的内涵、法律的实施主体、经费投入、农产品质量安全风险评估及风险管理和风险交流、农产品质量安全信息发布、安全优质农产品生产、公众质量安全教育等方面；二是农产品质量安全标准体系的建立，农产品质量安全标准的性质及其制定、发布、实施的程序及要求等方面；三是农产品禁止生产区域的确定、农产品标准化生产基地的建设、农业投入品的合理使用等方面；四是农产品生产技术规范的制定、农业投入品的生产许可与监督抽查、农产品质量安全技术培训与推广、农产品生产档案记录、农产品生产者自检、农产品行业协会自律等方面；五是农产品分类包装、包装标识、包装材质、转基因标识、动植物检疫标志、无公害农产品标志和优质农产品质量标志等方面；六是农产品质量安全市场准入条件、监测和监督检查制度、检验机构资质、社会监督、现场检查、事故报告、责任追溯、进口农产品质量安全要求等方面；七是各种违法行为的处理、处罚等方面。

4.《中华人民共和国食品安全法》

《中华人民共和国食品安全法》是中国食品安全监管的基础法律，是为了保证食品安全、保障公众身体健康和生命安全而制定的，是一切食品生产经营活动必须遵循的基本法律。该法于 2009 年 2 月 28 日由第十一届全国人民代表大会常务委员会第七次会议通过，2015 年 4 月 24 日由第十二届全国人民代表大会常务委员会第十四次会议修订，2015 年 10 月 1 日起实施。根据 2018 年 12 月 29 日第十三届全国人民代表大会常务委员会第七次会议《关于修改〈中华人民共和国产品质量法〉等五部法律的决定》第一次修正，根据 2021 年 4 月 29 日第十三届全国人民代表大会常务委员会第二十八次会议《关于修改〈中华人民共和国道路交通安全法〉等八部法律的决定》第二次修正。

该法共分为十章，分别为总则、食品安全风险监测和评估、食品安全标准、食品生产经营、食品检验、食品进出口、食品安全事故处置、监督管理、法律责任和附则。

该法主要加强了八个方面的制度构建：一是完善统一权威的食品安全监管机构；二是建立最严格的全过程的监管制度，对食品生产、流通、餐饮服务和食用农产品销售等各个环节，食品生产经营过程中涉及的食品添加剂、食品相关产品的监管，网络食品交易等新兴的业态，以及生产经营过程中的一些过程控制的管理制度，进行了细化和完善，进一步强调食品生产经营者的主体责任和监管部门的监管责任；三是进一步完善食品安全风险监测和风险评估制度，增设责任约谈、风险分级管理等重点制度，重在防患于未然，消除隐患；四是实行食品安全社会共治，充分发挥媒体、广大消费者等各个方面在食品安全治理中的作用；五是突出对特殊食品的严格监管，特殊食品包括保健食品、特殊医学用途配方食品、婴幼儿配方食品；六是强调对农药的使用实行严格的监管，加快淘汰剧毒、高毒、高残留农药，推动替代产品的研发和应用，鼓励使用高效低毒低残留的农药；七是加强对食用农产品的管理，对批发市场的抽查检验、建立食用农产品进货查验记录制度等进行了完善；八是建立最严格的法律责任制度，进一步加大违法者的违法成本，加大对食品安全违法行为的惩处力度。

3.1.2 蜂产品相关法规

法规包括行政法规和地方性法规。国务院根据宪法及相关法律，制定行政法规。行政法规由总理签署国务院令公布实施。行政法规的形式有条例、规定、办法等。蜂产品相关的法规包括《中华人民共和国食品安全法实施条例》等。

1.《中华人民共和国食品安全法实施条例》

《中华人民共和国食品安全法实施条例》作为行政法规，是对《中华人民共和国食品安全法》条款的细化，为解决中国食品安全问题奠定了良法善治的基石。该条例于 2009 年 7 月 20 日以中华人民共和国国务院令第 557 号公布，根据 2016 年 2 月 6 日《国务院关于修改部分行政法规的决定》修订，2019 年 3 月 26 日由国务院第 42 次常务会议修订通过，2019 年 10 月 11 日以中华人民共和国国务院令第 721 号公布，自 2019 年 12 月 1 日起施行。

该条例共分为十章，分别为总则、食品安全风险监测和评估、食品安全标准、食品生产经营、食品检验、食品进出口、食品安全事故处置、监督管理、法律责任和附则。

2.《国务院关于加强食品等产品安全监督管理的特别规定》

为加强食品等产品安全监督管理，进一步明确生产经营者、监督管理部门和地方人民政府的责任，加强各监督管理部门的协调、配合，保障人体健康和生命安全，《国务院关于加强食品等产品安全监督管理的特别规定》于 2007 年 7 月 25 日由国务院第 186 次常务会议通过，于 2007 年 7 月 26 日以中华人民共和国国务院令第 503 号公布施行。

该特别规定共计二十条，明确规定生产经营者要对其生产、销售的产品安全负责，所使用的原料、辅料、添加剂、农业投入品应当符合法律、行政法规的规定和国家强制性标准；进出口产品要符合要求，建立产品台账；同时对各种违法行为的处理、处罚，监督管理部门职权及职责做出了规定。

3.1.3 蜂产品相关部门规章

规章包括部门规章和地方政府规章。国务院各部、委员会、具有行政管理职能的直属机构等，可以根据法律和国务院的行政法规、决定、命令，在本部门的权限范围内制定部门规章。蜂产品相关部门规章如下：

1.《养蜂管理办法（试行）》

养蜂业是农业的重要组成部分，对于促进农民增收、提高农作物产量和维护生态平衡具有重要意义。为进一步规范和支持养蜂行为，加强对养蜂业的管理，维护养蜂者合法权益，促进养蜂业持续健康发展，原农业部组织制定了《养蜂管理办法（试行）》，于 2011 年 12 月 13 日对外发布，自 2012 年 2 月 1 日起施行。

（1）相关检疫要求

根据《农业部关于印发蜜蜂检疫规程的通知》中对蜜蜂检疫规程的规定可知，目前中国对蜜蜂检疫对象主要为美洲蜂幼虫腐臭病、欧洲蜂幼虫腐臭病、蜜蜂孢子虫病、蜜蜂白垩病、蜂螨病。同时《养蜂管理办法（试行）》规定："养蜂者发现蜂群患有列入检疫对象的蜂病时，应当依法向所在地兽医主管部门、动物卫生监督机构或者动物疫病预防控制机构报告，并就地隔离防治，避免疫情扩散。未经治愈的蜂群，禁止转地、出售和生产蜂产品。"

（2）养蜂许可制度

《养蜂管理办法（试行）》第七条规定，种蜂生产经营单位和个人，应当依法取得《种畜禽生产经营许可证》。出售的种蜂应当附具检疫合格证明和种蜂合格证。

申领《养蜂证》应具备的条件、需要的材料和申领流程一般有以下五点：

①一般要求：中蜂20群以上或意蜂40群以上（不同地区要求不同，具体需询问当地县级畜牧主管部门）；在申领前先了解《养蜂管理办法（试行）》相关内容。

②事先准备好个人基本信息材料：一张身份证复印件、两张一英寸免冠照片。

③到乡、村、合作社开具证明，证明中要包含申请人饲养的蜂种、蜂群数量、养蜂年限。

④到当地县级畜牧主管部门填写《养蜂证》申请表和蜂农生产优质蜂产品承诺书。

⑤等待相关部门审核后发放《养蜂证》。《养蜂证》有效期三年，格式由农业农村部统一制定。

（3）检疫合格证明

《养蜂管理办法（试行）》第十九条规定："蜂群自原驻地和最远蜜粉源地起运前，养蜂者应当提前三天向当地动物卫生监督机构申报检疫。经检疫合格的，方可起运。"同时《蜜蜂检疫规程》规定："经检疫合格的，出具《动物检疫合格证明》。《动物检疫合格证明》有效期为六个月，且从原驻地至最远蜜粉源地或从最远蜜粉源地至原驻地单程有效，同时在备注栏中标明运输路线。"《中华人民共和国畜牧法》第五十一条规定："养蜂生产者在国内转地放蜂，凭国务院农业农村主管部门统一格式印制的检疫证明运输蜂群，在检疫证明有效期内不得重复检疫。"可知，由驻地起运前，需提前三天以上向所在地动物卫生监督机构申报检疫，检疫合格后应给予养蜂人《动物检疫合格证明》，该证明六个月内有效，在有效期内无须重复检疫。

根据《蜜蜂检疫规程》对检疫方法的规定，对蜜蜂的检查分为蜂群检查与个体检查，其中蜂群检查包含箱外观察与抽样检查两种方式。箱外观察：调查蜂群来源、转场、蜜源、发病及治疗等情况，观察全场蜂群活动状况，核对蜂群箱数，观察蜂箱门口和附近场地蜜蜂飞行及活动情况，有无爬蜂、死蜂和蜂翅残缺不全的幼蜂。抽样检查：按照至少 5%（不少于 5 箱）的比例抽查蜂箱，依次打开蜂箱盖、副盖，检查巢脾、巢框、箱壁和箱底的蜜蜂有无异常行为；查看箱底有无死蜂；子脾上卵虫排列是否整齐，色泽是否正常。个体检查则检查蜂箱门口和附近场地上成年蜂的状况；取封盖或未封盖子脾 2 张以上，检查子脾上未封盖幼虫或封盖幼虫和蛹的状况。

2.《农产品质量安全信息化追溯管理办法（试行）》

2021 年 7 月 29 日，农业农村部发布新修订的《农产品质量安全信息化追溯管理办法（试行）》及 5 个配套制度 [具体包括《国家追溯平台主体注册管理办法（试行）》《国家追溯平台信息员管理办法（试行）》《国家追溯平台追溯业务操作规范（试行）》《国家追溯平台监管、监测、执法业务操作规范（试行）》《国家追溯平台追溯标签管理办法（试行）》]。

该办法要求每一个从事农产品类蜂产品生产经营的养蜂企业和经营单位都应在国家农产品质量安全追溯管理信息平台注册单位信息免费获取注册二维码，并将二维码印到合格证或标签上。

3.《食用农产品市场销售质量安全监督管理办法》

2023 年 6 月 30 日，国家市场监督管理总局公布《食用农产品市场销售质量安全监督管理办法》（以下简称《办法》），自 2023 年 12 月 1 日起施行。《办法》是为了规范食用农产品市场销售行为，加强食用农产品市场销售质量安全监督管理，保障食用农产品质量安全。《办法》共五十一条，主要内容包括：

《办法》强化市场开办者和销售者食品安全责任，规定市场开办者履行入场销售者登记建档、签订协议、入场查验等管理义务和销售者履行进货查验、定期检查、标示信息等主体责任；明确了地方市场监管部门与农业农村部门的案件通报和移送制度，细化了具体通报情形。

《办法》根据农产品质量安全法有关规定，将承诺达标合格证列为食用农产品进货查验的有效凭证之一，并鼓励优先采购带证的食用农产品；同时明确提出在严格执行食品安全标准的基础上，鼓励食用农产品销售企业通过应用推荐性国家标准、行业标准以及团体标准等促进食用农产品高质量发展。

《办法》针对群众反映"生鲜灯"误导消费者问题，增加对销售场所照明等设施的设置和使用要求；明确鲜切果蔬等即食食用农产品应做好食品安全防护，防止交叉污染。此外，结合食用农产品市场销售以个体散户为主的突出特点，按照"警示为主，拒不改正再处罚"的基本原则设置法律责任，将部分条款的罚款起点适度下调。

其中，《办法》第四十九条明确了适用于该办法的食用农产品的界定范围，规定："食用农产品，指来源于种植业、林业、畜牧业和渔业等供人食用的初级产品，即在农业活动中获得的供人食用的植物、动物、微生物及其产品，不包括法律法规禁止食用的野生动物产品及其制品。"以上适用于农民自养蜜蜂所产蜂蜜的生产与销售。

4.《食品生产许可管理办法》

为了规范食品、食品添加剂生产许可活动，加强食品生产监督管理，保障食品安全，国家市场监督管理总局 2019 年第 18 次局务会议审议通过了《食品生产许可管理办法》，自 2020 年 3 月 1 日起施行。该办法明确规定，在中华人民共和国境内，从事食品生产活动，应当依法取得食品生产许可。食品生产许可实行一企一证原则，即同一个食品生产者从事食品生产活动，应当取得一个食品生产许可证。

（1）蜂产品适用食品生产许可

根据《中华人民共和国农产品质量安全法》和《中华人民共和国食品安全法》有关食用农产品定义和农产品销售的规定，食用农产品是指来源于农业的初级产品，即在农业活动中获得的植物、动物、微生物及其产品。销售食用农产品，不需要取得食品生产许可。若以蜂蜜为原料加工生产蜂蜜产品，应按照《中华人民共和国食品安全法》《食品生产许可管理办法》等相关规定，获取食品生产许可。预包装标签标示应按照《食品安全国家标准 预包装食品标签通则》（GB 7718—2011）及相关标准规定进行标签标注。

（2）蜂产品生产许可审查细则

2022年4月，国家市场监督管理总局公布修订后的《蜂产品生产许可审查细则（2022版）》（以下简称《细则》）。新版《细则》共八章四十三条，明确蜂产品许可的范围。蜂产品包括四类，分别为蜂蜜、蜂王浆（含蜂王浆冻干品）、蜂花粉、蜂产品制品。《细则》进一步规范蜂产品生产加工活动，重点治理掺假掺杂违法问题，切实保障蜂产品质量安全，促进蜂产品产业高质量发展。

①《细则》指出，着重加强蜜源管理，进一步提高原料质量。要求企业的原料蜂蜜、蜂王浆（含蜂王浆冻干品）、蜂花粉供应商应当相对固定；鼓励企业自建蜜源基地，或与蜜源基地签订稳定的采购协议；鼓励企业使用巢蜜为原料生产蜂蜜。

②《细则》要求，严格产品配方管理，杜绝掺假掺杂。规定企业生产蜂蜜、蜂王浆（含蜂王浆冻干品）、蜂花粉不得添加任何其他物质；蜂产品制品中蜂蜜、蜂王浆（含蜂王浆冻干品）、蜂花粉或其混合物在成品中含量要大于50%，且以蜂蜜为原料生产蜂产品制品不得添加淀粉糖、糖浆、食糖。

③《细则》要求，加强生产过程控制，保证食品安全。要求企业合理设置生产设备和工艺流程，避免交叉污染；严格控制生产加工温度、湿度条件；及时清洗消毒生产设备、管道，保持环境卫生；严格监控生产关键控制点，保证加工过程持续合规；如实记录蜂产品制品中蜂蜜、蜂王浆（含蜂王浆冻干品）、蜂花粉或其混合物的名称、数量、占比等信息，实现产品有效追溯。

④《细则》要求，明确标签标示内容，禁止虚假宣传。要求蜂产品名称必须反映产品真实属性，不得虚假标注；蜂蜜产品名称可根据蜜源植物命名；蜂产品制品应当在产品标签主展示面上醒目标示"蜂产品制品"，字号不得小于同一展示面板其他文字，不得使用"蜂蜜""××蜜""蜂蜜膏""蜂蜜宝"等名称；蜂产品制品配料表中应当如实标明蜂蜜、蜂王浆（含蜂王浆冻干品）、蜂花粉或其混合物的添加量或在成品中的含量。

5.《食品经营许可和备案管理办法》

2023 年 6 月 15 日，国家市场监督管理总局公布《食品经营许可和备案管理办法》，自 2023 年 12 月 1 日起施行。该办法对原《食品经营许可管理办法》进行了修订，主要聚焦破解食品经营许可工作中的重点难点问题，更好地规范食品经营许可和备案工作，优化食品经营许可条件，简化食品经营许可流程，强化风险分级防控，落实食品经营者主体责任，进一步增强食品经营许可制度的可操作性，不断提高食品安全依法、科学、严格监管水平，推动实现审批更简、服务更优的政务和营商环境，保障人民群众"舌尖上的安全"。蜂产品在市场中的经营等行为应符合《食品经营许可和备案管理办法》的相关要求。

6.《食品安全抽样检验管理办法》

为规范食品安全抽样检验工作，加强食品安全监督管理，保障公众身体健康和生命安全，国家市场监督管理总局发布了《食品安全抽样检验管理办法》，自 2019 年 10 月 1 日起施行。

该办法规定了国家实施食品安全日常监督抽检及风险监测应遵循的原则、对企业的要求、监管的规范。

根据国家市场监督管理总局 2023 年食品安全监督抽查实施细则来看，2023 年蜂产品抽查项目对比 2022 年有较大变动，特别是蜂蜜产品。2022 年蜂蜜产品抽查 13 项，即"果糖和葡萄糖、蔗糖、氯霉素、呋喃妥因代谢物、呋喃西林代谢物、呋喃唑酮代谢物、洛硝达唑、甲硝唑、地美硝唑、山梨酸及其钾盐（以山梨酸计）、菌落总数、霉菌计数、嗜渗酵母计数"。2023 年抽查 18 项，在 2022 年抽查项目的基础上增加抽查 6 项，即"铅（以 pb 计）、双甲脒、氟胺氰菊酯、诺氟沙星、氧氟沙星、培氟沙星"，取消对"地美硝唑"项目的抽查。

7.《食品召回管理办法》

为加强食品生产经营管理，减少和避免不安全食品的危害，保障公众身体健康和生命安全，原国家食品药品监督管理总局发布了《食品召回管理办法》，自 2015 年 9 月 1 日起实施，根据 2020 年 10 月 23 日国家市场监督管理总局令第 31 号修订。在中华人民共和国境内，不安全食品的停止生产经营、召回和处置及其监督管理，适用该办法。

3.2 中国蜂产品标准体系

3.2.1 国家标准

1. 食品安全国家标准

食品安全国家标准由国家卫生健康委员会依法会同国务院有关部门负责制定，依据食品安全风险评估结果并充分考虑食用农产品质量安全风险评估结果，参照相关的国际标准和国际食品安全风险评估结果，广泛听取食品生产经营者和消费者的意见，并经食品安全国家标准审评委员会审查通过。

《中华人民共和国食品安全法》第二十五条：食品安全标准是强制执

行的标准。除食品安全标准外，不得制定其他食品强制性标准。中国已制定公布了真菌毒素、农兽药残留、食品添加剂和营养强化剂使用、预包装食品标签和营养标签通则等 303 部食品安全国家标准，覆盖了 6000 余项食品安全指标。

（1）中国食品安全国家标准——通用和生产规范标准（表 3-1）

表 3-1　中国食品安全国家标准——通用和生产规范标准（15 项）

序号	标准代号	标准名称	实施日期
1	GB 2760—2024	食品安全国家标准 食品添加剂使用标准	2025-02-08
2	GB 2761—2017	食品安全国家标准 食品中真菌毒素限量	2017-09-17
3	GB 2762—2022	食品安全国家标准 食品中污染物限量	2023-06-30
4	GB 2763—2021	食品安全国家标准 食品中农药最大残留限量	2021-09-03
5	GB 2763.1—2022	食品安全国家标准 食品中 2,4- 滴丁酸钠盐等 112 种农药最大残留限量	2023-05-11
6	GB 31650—2019	食品安全国家标准 食品中兽药最大残留限量	2020-04-01
7	GB 31650.1—2022	食品安全国家标准 食品中 41 种兽药最大残留限量	2023-02-01
8	GB 14880—2012	食品安全国家标准 食品营养强化剂使用标准	2013-01-01
9	GB 29921—2021	食品安全国家标准 预包装食品中致病菌限量	2021-11-22
10	GB 31607—2021	食品安全国家标准 散装即食食品中致病菌限量	2022-03-07
11	GB 7718—2025	食品安全国家标准 预包装食品标签通则	2027-03-16
12	GB 28050—2025	食品安全国家标准 预包装食品营养标签通则	2027-03-16
13	GB 13432—2013	食品安全国家标准 预包装特殊膳食用食品标签	2015-07-01
14	GB 14881—2013	食品安全国家标准 食品生产通用卫生规范	2014-06-01
15	GB 9685—2016	食品安全国家标准 食品接触材料及制品用添加剂使用标准	2017-10-19

（2）中国食品安全国家标准——产品标准（表3-2）

表3-2 中国食品安全国家标准——产品标准（4项）

蜂产品	标准代号	标准名称	适用范围	内容	实施日期
蜂蜜	GB 14963—2011	食品安全国家标准 蜂蜜	适用于蜂蜜，不适用于蜂蜜制品	规定了蜂蜜的术语和定义、蜜源要求、感官要求、理化指标、污染物限量、农兽药残留限量、微生物限量、嗜渗酵母计数要求	2011-10-20
蜂王浆	GB 9697—2008	蜂王浆	适用于蜂王浆的生产和贸易	规定了蜂王浆的定义、等级、品质、试验方法、包装、标志、贮存、运输要求	2009-01-01
蜂花粉	GB 31636—2016	食品安全国家标准 花粉	适用于以工蜂采集形成的团粒（颗粒）状蜂花粉或碎蜂花粉、以人工采集的松花粉和以花粉为单一原料，经净选、干燥、杀菌而制成的花粉产品，不适用于破壁花粉	规定了蜂花粉的术语和定义、原料要求、感官要求、理化指标、污染物限量、微生物限量、单一品种蜂花粉的花粉率测定方法	2017-06-23
蜂蜡	GB 1886.87—2015	食品安全国家标准 食品添加剂蜂蜡	适用于将蜂巢去除蜂蜜后制得的食品添加剂蜂蜡	规定了蜂蜡的感官要求、理化指标、检验方法	2016-03-22

（3）中国食品安全国家标准——蜂产品检测标准（表3-3）

表3-3 中国食品安全国家标准——蜂产品检测标准（28项）

序号	标准代号	标准名称	实施日期
1	GB 4789.1—2016	食品安全国家标准 食品微生物学检验 总则	2017-06-23
2	GB 4789.15—2016	食品安全国家标准 食品微生物学检验 霉菌和酵母计数	2017-04-19
3	GB 4789.4—2024	食品安全国家标准 食品微生物学检验 沙门氏菌检验	2024-08-08
4	GB 4789.10—2016	食品安全国家标准 食品微生物学检验 金黄色葡萄球菌检验	2017-06-23
5	GB 5009.12—2023	食品安全国家标准 食品中铅的测定	2024-03-06
6	GB 23200.7—2016	食品安全国家标准 蜂蜜、果汁和果酒中497种农药及相关化学品残留量的测定 气相色谱－质谱法	2017-06-18
7	GB 23200.97—2016	食品安全国家标准 蜂蜜中5种有机磷农药残留量的测定 气相色谱法	2017-06-18
8	GB 23200.100—2016	食品安全国家标准 蜂王浆中多种菊酯类农药残留量的测定 气相色谱法	2017-06-18
9	GB 23200.96—2016	食品安全国家标准 蜂蜜中杀虫脒及其代谢产物残留量的测定 液相色谱－质谱/质谱法	2017-06-18
10	GB 23200.98—2016	食品安全国家标准 蜂王浆中11种有机磷农药残留量的测定 气相色谱法	2017-06-18
11	GB 23200.103—2016	食品安全国家标准 蜂王浆中双甲脒及其代谢产物残留量的测定 气相色谱－质谱法	2017-06-18
12	GB 23200.99—2016	食品安全国家标准 蜂王浆中多种氨基甲酸酯类农药残留量的测定 液相色谱－质谱/质谱法	2017-06-18
13	GB 23200.101—2016	食品安全国家标准 蜂王浆中多种杀螨剂残留量的测定 气相色谱－质谱法	2017-06-18
14	GB 23200.95—2016	食品安全国家标准 蜂产品中氟胺氰菊酯残留量的检测方法	2017-06-18
15	GB 23200.102—2016	食品安全国家标准 蜂王浆中杀虫脒及其代谢产物残留量的测定 气相色谱－质谱法	2017-06-18
16	GB 31657.1—2021	食品安全国家标准 蜂蜜和蜂王浆中氟胺氰菊酯残留量的测定 气相色谱法	2022-02-01

续表

序号	标准代号	标准名称	实施日期
17	GB 31657.2—2021	食品安全国家标准 蜂产品中喹诺酮类药物多残留的测定 液相色谱－串联质谱法	2022-02-01
18	GB 31657.3—2022	食品安全国家标准 蜂产品中头孢类药物残留量的测定 液相色谱－串联质谱法	2023-02-01
19	GB 4789.48—2024	食品安全国家标准 食品微生物学检验 蜂产品采样和检样处理	2024-08-08
20	GB 5009.90—2016	食品安全国家标准 食品中铁的测定	2017-06-23
21	GB 5009.13—2017	食品安全国家标准 食品中铜的测定	2017-10-06
22	GB 5009.14—2017	食品安全国家标准 食品中锌的测定	2017-10-06
23	GB 5009.91—2017	食品安全国家标准 食品中钾、钠的测定	2017-10-06
24	GB 5009.241—2017	食品安全国家标准 食品中镁的测定	2017-10-06
25	GB 5009.242—2017	食品安全国家标准 食品中锰的测定	2017-10-06
26	GB 5009.92—2016	食品安全国家标准 食品中钙的测定	2017-06-23
27	GB 5009.15—2023	食品安全国家标准 食品中镉的测定	2024-03-06
28	GB 5009.123—2023	食品安全国家标准 食品中铬的测定	2024-03-06

2. 推荐性国家标准

推荐性国家标准由国务院标准化行政主管部门制定。对满足基础通用、与强制性国家标准配套、对各有关行业起引领作用等需要的技术要求，可以制定推荐性国家标准。这类标准任何单位都有权决定是否采用，违反这类标准，不承担经济或法律方面的责任。但是，一经接受并采用，或各方商定同意纳入经济合同中，就成为各方必须共同遵守的技术依据，具有法律上的约束性。

中国蜂产品推荐性国家标准见表3-4。

表 3-4 中国蜂产品推荐性国家标准（70 项）

序号	标准代号	标准名称	实施日期
1	GB/T 24283—2018	蜂胶	2019-02-01
2	GB/T 43559—2023	蜂胶生产技术规范	2024-07-01
3	GB/T 30359—2021	蜂花粉	2022-07-01
4	GB/T 21532—2008	蜂王浆冻干粉	2008-09-01
5	GB/T 24314—2009	蜂蜡	2009-12-01
6	GB/T 30764—2014	雄蜂蛹	2014-10-27
7	GB/T 34780—2017	蜂王幼虫冻干粉	2018-05-01
8	GB/T 35027—2018	王台蜂王浆	2018-12-01
9	GB/T 34781—2017	蜂花粉生产技术规范	2018-05-01
10	GB/T 40197—2021	雄蜂蛹生产技术规范	2021-12-01
11	GB/T 23405—2009	蜂产品中环己烷氨基磺酸钠的测定 液相色谱－质谱/质谱法	2009-07-01
12	GB/T 5009.95—2003	蜂蜜中四环素族抗生素残留量的测定	2004-01-01
13	GB/T 18932.23—2003	蜂蜜中土霉素、四环素、金霉素、强力霉素残留量的测定方法 液相色谱－串联质谱法	2004-06-01
14	GB/T 18932.4—2002	蜂蜜中土霉素、四环素、金霉素、强力霉素残留量的测定方法 液相色谱法	2003-06-01
15	GB/T 18932.18—2003	蜂蜜中羟甲基糠醛含量的测定方法 液相色谱－紫外检测法	2004-06-01
16	GB/T 18932.16—2003	蜂蜜中淀粉酶值的测定方法 分光光度法	2004-06-01
17	GB/T 18932.19—2003	蜂蜜中氯霉素残留量的测定方法 液相色谱－串联质谱法	2004-06-01
18	GB/T 18932.1—2002	蜂蜜中碳-4 植物糖含量测定方法 稳定碳同位素比率法	2003-06-01
19	GB/T 18932.17—2003	蜂蜜中 16 种磺胺残留量的测定方法 液相色谱－串联质谱法	2004-06-01

续表

序号	标准代号	标准名称	实施日期
20	GB/T 18932.24—2005	蜂蜜中呋喃它酮、呋喃西林、呋喃妥因和呋喃唑酮代谢物残留量的测定方法 液相色谱–串联质谱法	2005–08–01
21	GB/T 18932.5—2002	蜂蜜中磺胺醋酰、磺胺吡啶、磺胺甲基嘧啶、磺胺甲氧哒嗪、磺胺对甲氧嘧啶、磺胺氯哒嗪、磺胺甲基异噁唑、磺胺二甲氧嘧啶残留量的测定方法 液相色谱法	2003–06–01
22	GB/T 20771—2008	蜂蜜中486种农药及相关化学品残留量的测定 液相色谱–串联质谱法	2009–05–01
23	GB/T 23410—2009	蜂蜜中硝基咪唑类药物及其代谢物残留量的测定 液相色谱–质谱/质谱法	2009–07–01
24	GB/T 18932.21—2003	蜂蜜中氯霉素残留量的测定方法 酶联免疫法	2004–06–01
25	GB/T 21169—2007	蜂蜜中双甲脒及其代谢物残留量测定 液相色谱法	2008–04–01
26	GB/T 20744—2006	蜂蜜中甲硝唑、洛硝哒唑、二甲硝咪唑残留量的测定 液相色谱–串联质谱法	2007–03–01
27	GB/T 18932.20—2003	蜂蜜中氯霉素残留量的测定方法 气相色谱–质谱法	2004–06–01
28	GB/T 18932.25—2005	蜂蜜中青霉素G、青霉素V、乙氧萘青霉素、苯唑青霉素、邻氯青霉素、双氯青霉素残留量的测定方法 液相色谱–串联质谱法	2005–08–01
29	GB/T 18932.26—2005	蜂蜜中甲硝哒唑、洛硝哒唑、二甲硝咪唑残留量的测定方法 液相色谱法	2005–08–01
30	GB/T 22941—2008	蜂蜜中林可霉素、红霉素、螺旋霉素、替米考星、泰乐霉素、交沙霉素、吉他霉素、竹桃霉素残留量的测定 液相色谱–串联质谱法	2009–05–01
31	GB/T 18932.3—2002	蜂蜜中链霉素残留量的测定方法 液相色谱法	2003–06–01
32	GB/T 18932.28—2005	蜂蜜中四环素族抗生素残留量测定方法 酶联免疫法	2005–08–01
33	GB/T 18932.15—2003	蜂蜜电导率测定方法	2004–06–01

续表

序号	标准代号	标准名称	实施日期
34	GB/T 22995—2008	蜂蜜中链霉素、双氢链霉素和卡那霉素残留量的测定 液相色谱－串联质谱法	2009-05-01
35	GB/T 23408—2009	蜂蜜中大环内酯类药物残留量测定 液相色谱－质谱/质谱法	2009-07-01
36	GB/T 18932.6—2002	蜂蜜中甘油含量的测定方法 紫外分光光度法	2003-06-01
37	GB/T 18932.10—2002	蜂蜜中溴螨酯、4,4'－二溴二苯甲酮残留量的测定方法 气相色谱/质谱法	2003-06-01
38	GB/T 18932.14—2003	蜂蜜中苯甲醛残留量的测定方法 液相色谱－荧光检测法	2004-06-01
39	GB/T 18932.13—2003	蜂蜜中苯酚残留量的测定方法 高效液相色谱－荧光检测法	2004-06-01
40	GB/T 22944—2008	蜂蜜中克伦特罗残留量的测定 液相色谱－串联质谱法	2009-05-01
41	GB/T 23194—2008	蜂蜜中植物花粉的测定方法	2009-06-01
42	GB/T 18932.27—2005	蜂蜜中泰乐菌素残留量测定方法 酶联免疫法	2005-08-01
43	GB/T 22943—2008	蜂蜜中三甲氧苄氨嘧啶残留量的测定 液相色谱－串联质谱法	2009-05-01
44	GB/T 18932.9—2002	蜂蜜中青霉素残留量的测定方法 杯碟法	2003-06-01
45	GB/T 18932.8—2002	蜂蜜中红霉素残留量的测定方法 杯碟法	2003-06-01
46	GB/T 21168—2007	蜂蜜中泰乐菌素残留量的测定 液相色谱－串联质谱法	2008-04-01
47	GB/T 32947—2016	蜂蜡中二十八烷醇、三十烷醇的测定 气相色谱法	2017-03-01
48	GB/T 23192—2008	蜂蜜中淀粉粒的测定方法 显微镜计数法	2009-06-01
49	GB/T 32946—2016	蜂蜜中脯氨酸的测定 高效液相色谱法	2017-03-01

续表

序号	标准代号	标准名称	实施日期
50	GB/T 22948—2008	蜂王浆中三甲氧苄氨嘧啶残留量的测定 液相色谱－串联质谱法	2009-05-01
51	GB/T 19330—2008	地理标志产品 饶河（东北黑蜂）蜂蜜、蜂王浆、蜂胶、蜂花粉	2008-12-01
52	GB/T 18932.7—2002	蜂蜜中苯酚残留量的测定方法 液相色谱法	2003-06-01
53	GB/T 22940—2008	蜂蜜中氨苯砜残留量的测定 液相色谱－串联质谱法	2009-05-01
54	GB/T 23407—2009	蜂王浆中硝基咪唑类药物及其代谢物残留量的测定 液相色谱－质谱/质谱法	2009-07-01
55	GB/T 22947—2008	蜂王浆中十八种磺胺类药物残留量的测定 液相色谱－串联质谱法	2009-05-01
56	GB/T 21167—2007	蜂王浆中硝基呋喃类代谢物残留量的测定 液相色谱－串联质谱法	2008-04-01
57	GB/T 23409—2009	蜂王浆中土霉素、四环素、金霉素、强力霉素残留量的测定 液相色谱－质谱/质谱法	2009-07-01
58	GB/T 22946—2008	蜂王浆和蜂王浆冻干粉中林可霉素、红霉素、替米考星、泰乐菌素、螺旋霉素、克林霉素、吉他霉素、交沙霉素残留量的测定 液相色谱－串联质谱法	2009-05-01
59	GB/T 22945—2008	蜂王浆中链霉素、双氢链霉素和卡那霉素残留量的测定 液相色谱－串联质谱法	2009-05-01
60	GB/T 21164—2007	蜂王浆中链霉素、双氢链霉素残留量测定 液相色谱法	2008-04-01
61	GB/T 22949—2008	蜂王浆及冻干粉中硝基咪唑类药物残留量的测定 液相色谱－串联质谱法	2009-05-01
62	GB/T 23196—2008	蜂胶中阿魏酸含量的测定方法 液相色谱－紫外检测法	2009-06-01
63	GB/T 19427—2022	蜂胶中 12 种酚类化合物含量的测定 液相色谱－串联质谱法和液相色谱法	2022-10-01

序号	标准代号	标准名称	实施日期
64	GB/T 34782—2017	蜂胶中杨树胶的检测方法 高效液相色谱法	2018-05-01
65	GB/T 23195—2008	蜂花粉中过氧化氢酶的测定方法 紫外分光光度法	2009-06-01
66	GB/T 43448—2023	蜂蜜中17-三十五烯含量的测定 气相色谱质谱法	2024-06-01
67	GB/T 18932.28—2005	蜂蜜中四环素族抗生素残留量测定方法 酶联免疫法	2005-08-01
68	GB/T 40152—2021	蜂蜜中蔗糖转化酶的测定 分光光度法	2021-12-01
69	GB/T 24313—2009	蜂蜡中石蜡的测定 气相色谱-质谱法	2009-12-01
70	GB/T 40486—2021	蜂毒干粉中蜂毒溶血肽含量的测定 高效液相色谱法	2022-03-01

3.2.2 行业标准

食品行业标准是对没有国家标准而需要在食品领域某个行业范围内统一规范的技术要求，由国务院有关行政主管部门编制计划，组织草拟，统一批准、编号、发布，并报国务院标准化行政主管部门备案的食品标准。行业标准的技术要求不得低于强制性国家标准的相关技术要求。食品行业标准分为强制性行业标准和推荐性行业标准。蜂产品行业标准中农业标准代号为"NY"，供销合作标准代号为"GH"，进出口行业标准代号为"SN"，商业行业标准代号为"SB"。强制性行业标准企业和有关方面必须执行；不符合强制性行业标准的食品产品，禁止生产、销售和进口。国家鼓励企业自愿采用推荐性行业标准。

1. 中国蜂产品行业标准——产品标准（表3-5）

表3-5　中国蜂产品行业标准——产品标准（6项）

序号	标准代号	标准名称	实施日期
1	GH/T 18796—2012	蜂蜜	2012-04-20
2	GH/T 1014—1999	蜂花粉	1999-11-01
3	NY/T 752—2020	绿色食品 蜂产品	2021-01-01
4	GH/T 1001—1998	预包装食用蜂蜜	1998-12-01
5	NY/T 2649—2014	蜂王幼虫和蜂王幼虫冻干粉	2015-01-01
6	NY/T 629—2018	蜂胶及其制品	2019-06-01

2. 中国蜂产品行业标准——生产技术规范（表3-6）

表3-6　中国蜂产品行业标准——生产技术规范（13项）

序号	标准代号	标准名称	实施日期
1	NY/T 1160—2015	蜜蜂饲养技术规范	2015-08-01
2	NY/T 639—2002	蜂蜜生产技术规范	2003-03-01
3	NY/T 5139—2002	无公害食品 蜜蜂饲养管理准则	2002-09-01
4	NY/T 1241—2006	蜂产品加工技术管理规范	2007-02-01
5	NY/T 638—2016	蜂王浆生产技术规范	2016-10-01
6	NY/T 637—2002	蜂花粉生产技术规范	2003-03-01
7	NY/T 2798.10—2015	无公害农产品 生产质量安全控制技术规范 第10部分：蜂产品	2015-08-01
8	SN/T 0852—2012	进出口蜂蜜检验规程	2013-07-01
9	GH/T 1015—1999	蜂蜜包装钢桶	1999-11-01
10	GH/T 1138—2017	蜂胶乙醇提取工艺规范	2017-09-01
11	GH/T 1137—2017	蜂胶生产技术规范	2017-09-01
12	NY/T 2364—2013	蜜蜂种质资源评价规范	2013-08-01
13	NY/T 3915—2021	蜂花粉干燥技术规范	2021-11-01

3. 中国蜂产品行业标准——疫病检测标准（表3-7）

表3-7　中国蜂产品行业标准——疫病检测标准（14项）

序号	标准代号	标准名称	实施日期
1	NY/T 1951—2010	蜜蜂幼虫腐臭病诊断技术规范	2010-12-01
2	NY/T 1954—2010	蜜蜂螨病病原检查技术规范	2010-12-21
3	NY/T 4138—2022	蜜蜂孢子虫病诊断技术	2022-10-01
4	NY/T 4043—2021	中华蜜蜂囊状幼虫病诊断技术	2022-06-01
5	NY/T 2837—2015	蜜蜂瓦螨鉴定方法	2015-12-01
6	SN/T 1938—2007	蜜蜂白垩病检疫规范	2008-03-01
7	SN/T 5283—2020	熊蜂微孢子虫检疫技术规范	2021-07-01
8	SN/T 4078—2020	蜂房小甲虫检疫技术规范	2021-07-01
9	SN/T 5198—2020	熊蜂短膜虫检疫技术规范	2021-07-01
10	SN/T 1682—2020	蜜蜂欧洲幼虫腐臭病检疫技术规范	2021-07-01
11	SN/T 2683—2010	扁桃仁蜂和李仁蜂检疫鉴定方法	2011-05-01
12	SN/T 5420—2022	蜜蜂热厉螨病检疫技术规范	2022-10-01
13	SN/T 5003—2017	苹叶蜂检疫鉴定方法	2018-06-01
14	SN/T 2587—2010	刺桐姬小蜂检疫处理技术标准	2010-12-01

4. 中国蜂产品行业标准——检测标准（表3-8）

表3-8　中国蜂产品行业标准——检测标准（68项）

序号	标准代号	标准名称	实施日期
1	农业部781号公告-7-2006	蜂蜜中氟氯苯氰菊酯残留量的测定 气相色谱法	2006-12-16
2	农业部781号公告-8-2006	蜂蜜中双甲脒残留量的测定 气相色谱-质谱法	2006-12-16
3	农业部781号公告-9-2006	蜂蜜中氟胺氰菊酯残留量的测定 气相色谱法	2006-12-16
4	农业部781号公告-10-2006	蜂蜜中氯霉素残留量的测定 气相色谱-质谱法(负化学源)	2006-12-16

续表

序号	标准代号	标准名称	实施日期
5	NY/T 1243—2006	蜂蜜中农药残留限量（一）	2007-02-01
6	NY/T 2792—2015	蜂产品感官评价方法	2015-08-01
7	NY/T 2821—2015	蜂胶中咖啡酸苯乙酯的测定 液相色谱－串联质谱法	2015-12-01
8	GH/T 1081—2012	蜂胶中杨树胶的检测方法 反相高效液相色谱法	2012-08-01
9	GH/T 1087—2013	蜂胶真实性鉴别方法 高效液相色谱指纹图谱法	2014-01-01
10	GH/T 1106—2015	蜂蜜中丙三醇含量的测定 气相色谱－质谱法	2015-06-01
11	GH/T 1107—2015	蜂蜜中 5 种双稠吡咯啶类生物碱的测定 高效液相色谱－质谱/质谱法	2015-06-01
12	GH/T 1108—2015	蜂花粉中赭曲霉毒素 A 的测定 高效液相色谱－质谱/质谱法	2015-06-01
13	GH/T 1109—2015	蜂蜜中丙酮醛含量的测定 高效液相色谱法	2015-06-01
14	GH/T 1110—2015	蜂蜜中外源性 γ－淀粉酶残的测定 分光光度法	2015-06-01
15	GH/T 1114—2015	蜂胶中阿替匹林 C 的测定方法 高效液相色谱法	2015-10-01
16	GH/T 1252—2017	蜂蜜及其制品酸度的测定 电位滴定法	2018-03-01
17	GH/T 1280—2019	蜂胶中咖啡酸、p－香豆酸、阿魏酸、短叶松素、松属素、短叶松素 3－乙酸酯、白杨素和高良姜素含量的测定 反相高效液相色谱法	2020-03-01
18	GH/T 1312—2020	蜂胶中绿原酸、咖啡酸、p－香豆酸、3，5－二咖啡酰奎宁酸、4，5－二咖啡酰奎宁酸和阿替匹林 C 的测定 高效液相色谱法	2021-03-01
19	GH/T 1313—2020	蜂蜜中甘油含量的测定 高效液相色谱法	2021-03-01
20	GH/T 1314—2020	蜂蜜中甘露糖含量的测定 高效液相色谱法	2021-03-01
21	GH/T 1315—2020	蜂蜜中酪蛋白的测定 酶联免疫法	2021-03-01
22	GH/T 1316—2020	蜂蜜中松二糖、松三糖、吡喃葡糖基蔗糖、异麦芽糖和蜜三糖含量的测定 高效液相色谱法	2021-03-01
23	GH/T 1393—2022	蜂蜜中阿洛酮糖含量的测定 高效液相色谱法	2023-03-01

序号	标准代号	标准名称	实施日期
24	GH/T 1395—2022	蜂蜜中苦参碱和氧化苦参碱含量的测定 液相色谱－串联质谱法	2023-03-01
25	GH/T 1398—2022	薰衣草蜂蜜风味挥发物质的测定 气相色谱质谱联用法	2023-03-01
26	GH/T 1394—2022	蜂蜜中寡糖的测定 液相色谱－质谱／质谱法	2023-03-01
27	GH/T 1452—2024	蜂蜜中葫芦巴碱含量的测定 液相色谱－串联质谱法	2024-09-01
28	GH/T 1252—2017	蜂蜜及其制品酸度的测定 电位滴定法	2018-03-01
29	SN/T 0549—1996	出口蜂王浆及干粉中维生素 B_6 检验方法	1996-12-01
30	SN/T 0854—2000	进出口蜂王浆及蜂王浆冻干粉中 10-羟基－α－癸烯酸的检验方法	2000-11-01
31	SN/T 1303—2003	蜂王浆中苯甲酸、山梨酸、对羟基苯甲酸酯类检验方法 液相色谱法	2004-02-01
32	SN/T 1925—2007	进出口蜂产品中链霉素、双氢链霉素残留量的检测方法 液相色谱－串联质谱法	2007-12-01
33	SN/T 4537.2—2016	商品化试剂盒检测方法 氯霉素 方法二	2017-07-01
34	SN/T 2061—2008	进出口蜂王浆中硝基呋喃类代谢物残留量的测定 液相色谱－质谱／质谱法	2008-11-01
35	SN/T 2062—2008	进出口蜂王浆中大环内酯类抗生素残留量的检测方法 液相色谱串联质谱法	2008-11-01
36	SN/T 2063—2008	进出口蜂王浆中氯霉素残留量的检测方法 液相色谱串联质谱法	2008-11-01
37	SN/T 2135—2008	蜂蜜中转基因成分检测方法 普通 PCR 方法和实时荧光 PCR 方法	2009-03-16
38	SN/T 2440—2010	进出口蜂王浆中咖啡因含量的测定方法 液相色谱－串联质谱法	2010-07-16
39	SN/T 2576—2010	进出口蜂王浆中林可酰胺类药物残留量的测定 液相色谱－质谱／质谱法	2010-12-01
40	SN/T 2578—2010	进出口蜂王浆中 15 种喹诺酮类药物残留量的检测方法 液相色谱－质谱／质谱法	2010-12-01
41	SN/T 2579—2010	进出口蜂王浆中 10 种硝基咪唑类药物残留量的测定 液相色谱－质谱／质谱法	2010-12-01

序号	标准代号	标准名称	实施日期
42	SN/T 2664—2010	蜂王浆中四环素类抗生素残留量测定方法 放射受体分析法	2011-05-01
43	SN/T 2798—2011	进出口蜂王浆中苯酚残留量的测定方法 高效液相色谱法	2011-07-01
44	SN/T 2800—2011	进出口蜂王浆中四环素类兽药残留量检测方法 液相色谱 – 质谱/质谱法	2011-07-01
45	SN/T 3027—2011	出口蜂王浆中氟喹诺酮类残留量测定方法 酶联免疫法	2012-04-01
46	SN/T 3028—2011	出口蜂王浆中 β – 内酰胺残留量测定方法 酶联免疫法	2012-04-01
47	SN/T 3155—2012	出口猪肉、虾、蜂蜜中多类药物残留量的测定 液相色谱 – 质谱/质谱法	2012-11-16
48	SN/T 4056—2014	蜂蜜中烟曲霉素残留量的测定 液相色谱 – 串联质谱法	2015-05-01
49	SN/T 2211—2016	出口蜂皇浆中铅和镉的测定	2017-02-01
50	SN/T 4654—2016	出口蜂蜜中氯舒隆残留量的测定 液相色谱 – 质谱/质谱法	2017-03-01
51	SN/T 4848.1—2017	出口蜂蜜中常见蜜源植物成分的检测方法 实时荧光 PCR 法 第 1 部分：荆条	2018-03-01
52	SN/T 4848.2—2017	出口蜂蜜中常见蜜源植物成分的检测方法 实时荧光 PCR 法 第 2 部分：油菜	2018-03-01
53	SN/T 4848.3—2017	出口蜂蜜中常见蜜源植物成分的检测方法 实时荧光 PCR 法 第 3 部分：洋槐	2018-03-01
54	SN/T 4848.4—2017	出口蜂蜜中常见蜜源植物成分的检测方法 实时荧光 PCR 法 第 4 部分：桉树	2018-03-01
55	SN/T 4848.5—2017	出口蜂蜜中常见蜜源植物成分的检测方法 实时荧光 PCR 法 第 5 部分：椴树	2018-03-01
56	SN/T 4848.6—2017	出口蜂蜜中常见蜜源植物成分的检测方法 实时荧光 PCR 法 第 6 部分：龙眼	2018-03-01
57	SN/T 4848.7—2017	出口蜂蜜中常见蜜源植物成分的检测方法 实时荧光 PCR 法 第 7 部分：荔枝和龙眼	2018-03-01

序号	标准代号	标准名称	实施日期
58	SN/T 4848.8—2017	出口蜂蜜中常见蜜源植物成分的检测方法 实时荧光 PCR 法 第 8 部分：紫云英	2018–03–01
59	SN/T 4958—2017	出口蜂蜜中 4– 甲基咪唑和 2– 甲基咪唑的测定方法 液相色谱 – 质谱 / 质谱法	2018–06–01
60	SN/T 4959—2017	出口蜂蜜中 γ – 淀粉酶的测定 液相色谱法	2018–06–01
61	SN/T 4960—2017	出口蜂蜜中耐高温 α – 淀粉酶的测定 分光光度法	2018–06–01
62	SN/T 4961—2017	出口蜂蜜中寡糖的测定 高效液相色谱 – 质谱 / 质谱法	2018–06–01
63	SN/T 5222—2019	蜂蜜中 20 种全氟烷基化合物的测定 液相色谱 – 串联质谱法	2020–07–01
64	SN/T 5223—2019	蜂蜜中 18 种游离氨基酸的测定 高效液相色谱 – 荧光检测法	2020–07–01
66	SN/T 2574—2019	出口蜂王浆中双甲脒及其代谢产物残留量的测定 液相色谱 – 质谱 / 质谱法	2020–07–01
66	SN/T 5521—2023	进口麦卢卡蜂蜜中 5 种特征物质的测定 液相色谱 – 质谱 / 质谱法	2024–05–01
67	SN/T 2440—2010	进出口蜂王浆中咖啡因含量的测定方法 液相色谱 – 串联质谱法	2010–07–16
68	SN/T 2060—2008	进出口蜂王浆中泰乐菌素残留量测定方法 酶联免疫法	2008–11–01

3.2.3 地方标准

地方标准是由地方（省、自治区、直辖市）标准化主管机构或专业主管部门批准发布，在某一地区范围内统一的标准。中国地域辽阔，各省、市、自治区和一些跨省市的地理区域，其自然条件、技术水平和经济发展程度差别很大，对具有地方特色的农产品、土特产品有必要制定地方性的标准。制定地方标准有利于发挥地区优势，提高地方产品的质量和竞争能力，同时也使标准更符合地方实际，有利于标准的贯彻执行。地方标准的范围要从严控制，凡有国家标准、行业标准的不能制定地方标准。

1. 中国蜂产品地方标准——强制性标准和产品标准（表 3-9）

表 3-9　中国蜂产品地方标准——强制性标准和产品标准

标准性质	序号	标准代号	标准名称	实施日期
强制性标准	1	DBS63/ 0006—2022	食品安全地方标准 枸杞蜂蜜	2022-12-19
	2	DBS61/ 0027—2023	食品安全地方标准 秦巴土蜂蜜	2023-09-15
	3	DBS61/ 0012—2022	食品安全地方标准 蜂蜜中 16 种激素残留的测定 液相色谱 - 质谱 / 质谱法	2023-01-14
产品标准	1	DB22/T 991—2018	天然成熟蜂蜜	2018-06-20
	2	DB61/T 1105—2017	地理标志产品 黄龙蜂蜜	2017-11-25
	3	DB4414/T 5—2020	地理标志产品 桂岭蜂蜜	2020-10-25
	4	DB50/T 1386—2023	地理标志产品 南川金佛山中华蜜蜂	2023-07-18
	5	DB41/T 989—2014	地理标志产品 长葛蜂胶	2015-03-01
	6	DB63/T 1249—2014	地理标志产品 贵德蜂蜜	2014-03-15

2. 中国蜂产品地方标准——技术规范及检测、检疫标准（表 3-10）

表 3-10　中国蜂产品地方标准——技术规范及检测、检疫标准（21 项）

序号	标准代号	标准名称	实施日期
1	DB12/T 746—2017	蜜蜂产品流通规范	2017-12-01
2	DB36/T 1364—2020	荷花蜂花粉生产技术规程	2021-07-01
3	DB62/T 2935—2018	蜜蜂检疫技术规程	2019-01-01
4	DB23/T 1932—2017	东北黑蜂蜂蜜生产操作规程	2017-07-26
5	DB50/T 1300—2022	中华蜜蜂蜂蜜加工技术规范	2022-12-30
6	DB11/T 481—2007	蜂蜜生产技术规范	2007-09-01
7	DB11/T 484—2007	蜂胶生产技术规范	2007-09-01

续表

序号	标准代号	标准名称	实施日期
8	DB11/T 483—2007	蜂花粉生产技术规范	2007-09-01
9	DB11/T 482—2007	蜂王浆生产技术规范	2007-09-01
10	DB50/T 1078—2021	中蜂成熟蜜生产技术规范	2021-04-20
11	DB50/T 1435—2023	郎氏十框箱继箱生产中蜂成熟蜜技术规范	2023-09-10
12	DB4112/T 324—2024	中蜂蜂蜜生产技术规范	2024-09-05
13	DB41/T 2663—2024	成熟蜂蜜生产技术规范	2024-06-11
14	DB5115/T 135—2024	山区中蜂成熟蜜生产技术规范	2024-08-09
15	DB52/T 1794—2024	中华蜜蜂成熟蜜生产技术规程	2024-06-01
16	DB36/T 1868—2023	西方蜜蜂成熟蜜生产技术规程	2024-05-01
17	DB51/T 1731—2014	成熟蜂蜜生产技术规程	2014-06-01
18	DB51/T 1469—2012	蜂蜡生产技术规程	2012-12-01
19	DB34/T 1538—2011	蜂蜜中杀草强残留量测定 液相色谱－串联质谱法	2011-12-15
20	DB32/T 680—2004	蜂产品中三氯杀螨醇残留量检验方法	2004-09-30
21	DB35/T 1854—2019	蜜蜂以色列急性麻痹病毒病诊断技术	2019-12-11

3.2.4 团体标准和企业标准

除政府主导制定的标准外，市场自主制定的标准分为团体标准和企业标准。团体标准是具有法人资格，且具备相应专业技术能力、标准化工作能力和组织管理能力的学会、协会、商会、联合会和产业技术联盟等社会团体按照团体确立的标准制定程序自主制定发布，由社会自愿采用的标准。企业标准是在企业范围内需要协调及统一的技术要求、管理要求和工作要求所制定的文件，是企业组织生产、经营活动的依据。《中华人民共和国标准化法》规定：企业生产的产品没有国家标准和行业标准的，应当制定企业标准，作为组织生产的依据。已有国家标准或者行业标准的，国家鼓励企业制定严于国家标准或者行业标准的企业标准，在企业内部适用。

1. 中国蜂产品团体标准和企业标准——产品标准（表3-11）

表3-11　中国蜂产品团体标准和企业标准——产品标准（40项）

序号	标准代号	标准名称	实施日期
1	T/CAQP 010—2019	高品质蜂蜜	2020-05-18
2	T/LPTX 0001S—2019	优质罗平蜂蜜	2019-01-20
3	T/ZZB 1505—2020	枇杷蜂蜜膏	2020-01-31
4	T/ELINGYUNBIAN 001—2019	"峨岭云边"食品安全公用品牌标准蜂蜜	2019-06-17
5	T/HNLM 001.4—2019	怀宁蓝莓 第4部分：蜂蜜	2019-11-30
6	T/GBAS 45—2023	蜂蜜	2023-10-26
7	T/LYCY 020—2020	大兴安岭蜂蜜	2021-01-01
8	T/HZSBX 02—2020	优质汉中蜂蜜	2020-07-20
9	T/BKTFM 1—2020	保康土蜂蜜	2020-12-01
10	T/ZZB 0364—2018	蜂胶软胶囊	2018-06-29
11	T/GZSX 073—2021	道真特产 蜂蜜	2021-04-20
12	T/CBPA 0001—2015	蜂蜜	2016-03-30
13	T/XJBZFX 003—2021	富硒蜂蜜制品	2021-07-28
14	T/HZF 001—2021	徽县中华蜂（土蜂）天然成熟蜜 饲养加工规范及产品标准	2021-07-01
15	T/CQDB 0014—2021	地理标志产品 酉阳蜂蜜	2021-03-12
16	T/LPTX 0001S—2021	地理标志产品 罗平蜂蜜	2021-03-10
17	T/ZFXH 001—2022	歙县中蜂枇杷花蜂蜜	2022-11-21
18	T/JALNCP 0301—2022	井冈蜂蜜	2022-08-23

序号	标准代号	标准名称	实施日期
19	T/QDNP 0106—2021	千岛农品 中华蜜蜂蜂蜜	2021-12-31
20	T/HNYJNYXH 007—2021	优质炮制中药专用蜂蜜标准	2021-06-11
21	T/JAFY 0003—2021	农产品地理标志集安蜂蜜产品质量标准	2021-05-01
22	T/SYYN 003—2023	沙雅罗布麻蜂蜜	2023-07-19
23	T/CNHFA 111.181—2024	保健食品用原料 蜂蜜	2024-08-01
24	T/JCBD 25—2023	"吉致吉品" 蜂王浆	2023-11-28
25	T/JKGCXH 004—2023	永春蜂蜜	2023-06-01
26	T/JGE 0009—2021	江西绿色生态 蜂蜜	2021-11-05
27	T/LCFY 001—2021	地理标志证明商标 高唐蜂蜜	2021-07-31
28	T/QGCML 4419—2024	西藏高原野生百花蜂蜜	2024-07-27
29	T/ZHYF 001—2021	赞皇蜂蜜	2021-05-10
30	T/JMBX 0237—2023	大沙蜂蜜	2023-01-06
31	T/JCBD 26—2023	"吉致吉品" 椴树蜂蜜	2023-11-28
32	T/ZSGTS 358—2023	香山之品 蜂蜜	2023-10-31
33	T/CAI 166—2022	地理标志产品 桑植蜂蜜	2022-04-20
34	T/QGCML 354—2022	蜂蜜醋	2022-09-15
35	T/HNBX 208—2024	五指山雨林蜂蜜	2024-05-18
36	T/CKZF 001—2022	城口蜂蜜	2022-09-22
37	T/CAI 164—2022	地理标志产品 泾源蜂蜜	2022-02-24
38	T/HYBX 0010—2022	优质蜂蜜	2022-07-31
39	T/CQSNCQCYXH 1—2020	金佛山中华蜜蜂	2021-01-01
40	Q/JF 0004 S—2020	蜂产品制品	2020-10-11

2. 中国蜂产品团体标准和企业标准——生产技术规范（表 3-12）

表 3-12　中国蜂产品团体标准和企业标准——生产技术规范（23 项）

序号	标准代号	标准名称	实施日期
1	T/GDC 24—2019	蜂蜡产品生产技术要求	2019-05-03
2	T/CBPA 0002—2019	蜂农专业合作社建设指南	2019-12-01
3	T/GBAS 33—2023	质量安全要求 蜂产品	2023-10-26
4	T/SDAA 0055—2021	崂山地区中华蜜蜂饲养技术规范	2022-01-14
5	T/GXAS 432—2022	阳朔九龙藤蜂蜜生产技术规范	2023-01-03
6	T/JAFY 0002—2021	农产品地理标志集安蜂蜜采收技术规范	2021-05-01
7	T/JAFY 0001—2021	农产品地理标志集安蜂蜜蜂饲养技术规范	2021-05-01
8	T/QGCML 812—2023	蜂王浆生产技术规范	2023-05-30
9	T/MYQFCYXH 001—2023	成熟荆条蜂蜜生产技术规范	2023-07-01
10	T/YFX 001—2022	中华蜜蜂蜂蜜生产技术规范	2022-10-01
11	T/WCZF 001—2020	中华蜜蜂饲养管理技术规范	2020-05-01
12	T/CCAA 30—2016	食品安全管理体系 蜂产品加工企业要求	2016-10-14
13	T/QSFY 001—2021	成熟蜂蜜生产技术规程	2021-01-14
14	T/LXDX 001—2020	蜂产品流通规范	2020-07-27
15	T/HZF 001—2021	徽县中华蜂（土蜂）天然成熟蜜 饲养加工规范及产品标准	2021-07-01
16	T/XHNCJLH 1201—2019	心侗新晃五倍子蜂蜜养殖与生产标准	2020-01-01
17	T/XHNCJLH 1202—2019	心侗新晃五倍子蜂蜜流通标准	2020-01-01
18	T/JYNX 008—2023	"揭农尚品"农产品 蜂蜜质量安全基础要求	2023-07-06
19	T/KFX 00001—2021	中蜂饲养技术规范	2022-12-10
20	T/CYFX 001—2024	长白中蜂成熟蜜生产技术规程	2024-02-20
21	T/XAFY 003—2022	秦岭中蜂养殖管理规范	2022-03-10
22	T/ZLX 052—2023	遂昌土蜂蜜绿色生产技术规程	2023-01-16
23	T/GDNB 6.8—2021	粤港澳大湾区"菜篮子"平台产品 质量安全指标体系 蜂产品	2021-09-30

3. 中国蜂产品团体标准和企业标准——检测标准（表 3-13）

表 3-13　中国蜂产品团体标准和企业标准——检测标准（7 项）

序号	标准代号	标准名称	实施日期
1	T/SQIA 018—2022	蜂蜜中四环素类药物的快速检测 胶体金免疫层析法	2022–07–16
2	T/GDFDTAEC 05—2022	蜂胶类保健食品中总黄酮的测定 – 分光光度法	2022–07–06
3	T/MMSP 11—2022	蜂蜜中黄曲霉毒素 B_1 的测定方法 ELISA 酶联免疫吸附筛查法	2022–10–30
4	T/SQIA 016—2022	蜂蜜中林可霉素的快速检测 胶体金免疫层析法	2022–07–16
5	T/SATA 035—2022	蜂蜜中 21 种生物碱的测定 液相色谱 – 串联质谱法	2022–04–24
6	T/SQIA 017—2022	蜂蜜中氯霉素的快速检测 胶体金免疫层析法	2022–07–16
7	T/BPMA 20—2024	蜂蜜中氯霉素和甲硝唑残留量的测定 液相色谱 – 串联质谱法	2024–04–23

3.3 中国蜂产品官方监管体系

3.3.1 农业农村部

养蜂业是农牧业绿色发展的纽带，集经济、社会和生态效益于一体，在满足群众生活需要、促进农业绿色发展、提高农作物产量、维护生态平衡、助力脱贫攻坚等方面发挥着重要作用。中国是世界第一养蜂大国，蜂群规模大，蜂蜜、蜂王浆、蜂胶等蜂产品产量均居世界首位。《养蜂管理办法（试行）》第三条规定，农业农村部负责全国养蜂管理工作，县级以上地方人民政府养蜂主管部门负责本行政区域的养蜂管理工作。

1. 强化蜜蜂保护工作

国家已建立相对完善的保护区管理制度体系。在自然保护区管理方面，

《中华人民共和国自然保护区条例》对自然保护区的建设、管理、法律责任等进行了详细规定。在遗传资源保护方面，《中华人民共和国畜牧法》建立了畜禽遗传资源保护制度，为中蜂等遗传资源保护提供了法律依据。农业农村部制定了《畜禽遗传资源保种场保护区和基因库管理办法》，明确了畜禽遗传资源保种场、保护区、基因库的建立或者确定、监督管理等方面的要求，切实加强中蜂等畜禽遗传资源的保护利用。

2. 关于蜂药市场整顿

蜜蜂养殖流动性大，受蜜蜂用药市场规模限制和经济效益影响，很多兽药生产企业和相关科研单位对蜜蜂养殖用药的研发生产积极性不高，目前蜜蜂用药产品较为缺乏。为了保障蜂蜜产品质量，农业农村部将蜂蜜中兽药残留监控作为动物产品兽药残留监控计划的重要内容，每年组织开展兽药残留检测。2020 年对 12 类 61 种药物进行了检测，合格率 94%。此外，该部还以落实《食用农产品"治违禁 控药残 促提升"三年行动方案》为契机，聚焦蜜蜂养殖大省，开展蜜蜂养殖用药和蜂产品质量安全的监管整治，严厉打击网络销售假劣兽药的违法行为；引导广大蜜蜂养殖场户规范合理使用兽药，不断提升安全合理用药意识和水平；积极争取政策支持蜜蜂用药的研制创新，以公益性投入支持产业发展，补上兽药产品不足的短板。

3. 支持养蜂产业科技创新

近年来，农业农村部积极支持蜂遗传资源保护利用和养蜂业发展。一是建立畜禽遗传资源管理系统，该系统于 2023 年上线运行，加强包括蜂在内的畜禽遗传资源动态监测，更好地服务于蜂遗传资源保护和利用。二是实施蜂业质量提升行动，2024 年支持范围已扩大到 14 个省份，实施省份聚焦养蜂业发展短板和薄弱环节，从蜜蜂遗传资源保护、养殖示范、产品加工、电商营销等产业链各环节进行扶持。通过良种良法配套、产品质量管控、公共品牌培育、蜜蜂文化科普等综合措施，全方位提升蜜蜂养殖和蜂产品加工综合效益。三是推进蜂产业强镇建设，先后支持河南省长葛市佛耳湖镇、广西壮族自治区梧州市城东镇、重庆市石柱土家族自治县中益乡等地，围绕蜂类主导产业建设农业产业强镇，加快培育蜂产业规模化、集聚化发展优势，产业链总产值持续提升。

3.3.2 国家市场监督管理总局

蜂产业是助力乡村振兴、促进农业增产、推进健康中国建设的重要产业，具有良好的生态效益、经济效益和社会效益。国家市场监督管理总局将蜂产品质量安全监管作为食品安全监管的重点品种之一，不断完善监管制度，始终坚持问题导向，持续加大治理力度，保障蜂产品质量安全，促进蜂产品行业健康发展。

1. 蜂产品生产经营监管工作

国家市场监督管理总局开展了以下七方面的工作：一是严格日常审查；二是加强监督检查；三是开展监督抽检；四是严防掺假掺杂；五是严控生产过程；六是规范标签标示；七是助力高质量发展。近年来，在市场监管部门的严格监管下，在行业协会严格加强行业自律下，在广大蜂产品生产企业严格落实食品安全主体责任下，蜂产品质量安全形势处于稳中向好的状态。尤其是新的蜂产品生产许可细则发布以来，企业积极对照要求整改，自觉规范生产加工活动，努力保障蜂产品质量安全。但当前中国蜂产业距离高质量发展的要求还有一定的距离，主要体现在四个方面：一是蜂产品生产企业质量安全水平还需要进一步提升；二是蜂产品生产企业上下游产业链还需要进一步完善；三是蜂产品质量安全水平需要进一步提高；四是蜂产品品牌建设和研发能力需要进一步提升。

蜂产业始终是领导关心、百姓关切、媒体关注的重点食品品种，中国蜂产品行业要带领蜂产品生产企业立足自身优势，用好本土资源，充分发挥各类蜜源的独特价值，加强研发投入，围绕营养、健康开发新品种，创造新形式，拓展新领域，挖掘蜂产品消费潜力。同时，蜂产品生产企业还要加快绿色低碳转型，避免过度包装，使用更多可回收可降解的环保材料。蜂产品生产企业应当加大投入，布局上下游产业：在上游，打造生产加工与蜂场养殖的计划产业模式；在下游，探索建立生产＋销售＋文化＋旅游等多个环节综合的商业模式，打造蜂产业、蜂文化、蜂旅游一体化的商业路径，让消费者更易融入，更加享受蜂产品的"甜蜜事业"。

2. 修订蜂产品生产许可审查细则

国家市场监督管理总局通过修订《蜂产品生产许可审查细则（2022版）》（以下简称《细则》），进一步规范蜂产品生产加工活动，重点治理掺假掺杂违法问题，切实保障蜂产品质量安全，主要体现在以下三个方面。

一是与现行的法律法规和标准相衔接。此前，修改后的《中华人民共和国食品安全法》《中华人民共和国食品安全法实施条例》对食品生产企业的原料把关、过程控制、制度落实、人员管理等方面都提出了更高的要求，同时食品生产许可分类目录对蜂产品生产许可的申请材料、产品分类等内容进行了调整，需要通过修订《细则》的形式予以明确，进一步修改补充蜂产品生产许可的审查要求，以确保与法律法规、标准更好地衔接。

二是遏制蜂蜜掺假掺杂。通过修订《细则》，强化事前监管手段，调整蜂蜜、蜂产品制品的定义和成分要求，明确规定生产蜂产品制品不得添加淀粉糖、糖浆、食糖，从源头上采取治理措施。

三是推动蜂产品行业高质量发展。在中国，蜂产品生产企业普遍规模较小，质量安全管理能力和水平不高，个别企业生产条件极其简陋，有必要通过修订《细则》以市场准入的角度来提高蜂产品生产企业的厂房、车间、设备设施等硬件要求；同时鼓励蜂产品生产企业使用巢蜜等质量更优的原料，规定禁止蜂蜜分装等管理措施，严格产品标签标示的内容，引导企业调整产品结构，推动蜂产品行业健康发展。

3. 优化蜂产品采样和验样要求

根据《中华人民共和国食品安全法》规定，国家卫生健康委、国家市场监督管理总局联合印发 2024 年第 1 号公告，发布 47 项新食品安全国家标准和 6 项修改单。其中包括《食品安全国家标准 食品微生物学检验 蜂产品采样和验样处理》（GB 4789.48—2024）。该标准已于 2024 年 8 月 8 日开始实施。

该标准规定了蜂产品的采样和验样处理方法，适用于蜂产品的采样和检验处理。对预包装蜂产品（包括固态或半固态、液态）、散装或现场制作蜂产品设计了不同的采样原则和采样方案，并对液态蜂产品（蜂蜜等）和半固态或固态蜂产品（蜂胶等）的验样处理做出详细解释。国家市场监督管理总局要求各蜂产品企业要积极对照标准，针对不同蜂产品的生产特点，规范生产加工行为，规避蜂产品生产过程中潜在的食品安全风险。

3.3.3 海关总署

海关对包括蜂产品在内的进出口食品安全实施监督管理，中华人民共和国海关总署主管全国进出口食品安全监督管理工作，各级海关负责所辖区域进出口食品安全监督管理工作。

海关总署进出口食品安全局拟订进出口蜂产品安全和检验检疫的工作制度，依法承担进口蜂产品企业备案注册和进口蜂产品的检验检疫、监督管理工作，按分工组织实施风险分析和紧急预防措施工作，依据多双边协议承担出口蜂产品相关工作。口岸监管司负责拟订进出口蜂产品的海关检查、检验、检疫工作制度并组织实施。企业管理和稽查司负责拟订进出口蜂产品海关信用管理制度并组织实施，负责出口蜂产品原料养蜂场基地备案、出口蜂产品企业备案和对外推荐注册工作。本书第四章将详细介绍中国针对进出口蜂产品的监管体系。

3.4 中国蜂产品检验检测体系

3.4.1 市场监管领域

1. 抽检监测

国家市场监督管理总局为加强食品安全监督管理，保障公众身体健康和生命安全，规范食品安全抽样检验工作，根据《中华人民共和国食品安全法》等法律法规，制定食品安全抽样检验管理办法。国家市场监督管理总局定期分析食品安全抽样检验数据，加强食品安全风险预警，完善并督促落实相关监督管理制度。

抽检监测的方式有以下三种。

（1）监督抽检

按照法定程序和食品安全标准等规定，以排查风险为目的，对食品组织抽样、检验、复检、处理等活动。主要是对食品安全各环节的产品进行抽检。在生产和流通环节由国家市场监督管理总局负责，主要执行《食品安全监督抽检计划》，确定企业生产的产品是否符合食品安全规定。对有问题的产品进行信息公开，并指导企业停产、召回、整改等，拒不改正的，给予警告，并处罚款等。

国家市场监督管理总局每年年初发布《全国食品安全监督抽检实施细则》，对监督抽检的适用范围、产品种类、检验依据、抽样、检验要求、判定原则与结论提出统一要求。《全国食品安全监督抽检实施细则（2024年版）》中蜂产品检验项目清单见表3–14至表3–16。

表 3-14 蜂蜜检验项目

序号	检验项目	依据法律法规或标准	检验方法
1	果糖和葡萄糖	GB 14963	GB 5009.8
2	蔗糖	GB 14963	GB 5009.8
3	铅（以 Pb 计）	GB 2762	GB 5009.12
4	山梨酸及其钾盐（以山梨酸计）	GB 2760	GB 5009.28
5	氯霉素 [a]	农业部公告第 235 号 农业农村部公告第 250 号	GB/T 18932.19
6	呋喃西林代谢物 [b]	农业农村部公告第 250 号	GB/T 18932.24
7	呋喃唑酮代谢物 [b]	农业农村部公告第 250 号	GB/T 18932.24
8	甲硝唑 [c]	GB 31650	GB/T 23410
9	双甲脒 [c]	GB 31650	GB 23200.103
10	氟胺氰菊酯 [c]	GB 31650	GB 31657.1
11	诺氟沙星 [d]	GB 31650.1	GB 31657.2
12	氧氟沙星 [d]	GB 31650.1	GB 31657.2
13	培氟沙星 [d]	GB 31650.1	GB 31657.2
14	菌落总数	GB 14963	GB 4789.2
15	霉菌计数	GB 14963	GB 4789.15
16	嗜渗酵母计数	GB 14963	GB 14963 附录 A

a. 生产日期在 2020 年 1 月 6 日之前的产品按农业部公告第 235 号判定；生产日期在 2020 年 1 月 6 日 (含) 之后的产品按农业农村部公告第 250 号判定。

b. 生产日期在 2020 年 1 月 6 日 (含) 之后的产品检测。

c. 生产日期在 2020 年 4 月 1 日 (含) 之后的产品检测。

d. 生产日期在 2023 年 2 月 1 日 (含) 之后的产品检测。

表 3-15 蜂王浆（含蜂王浆冻干品）检验项目

序号	检验项目	依据法律法规或标准	检验方法
1	10- 羟基 -2- 癸烯酸 [a]	GB 9697、GB/T 21532 产品明示标准和质量要求	GB 9697
2	酸度 [a]	GB 9697、GB/T 21532 产品明示标准和质量要求	GB 9697
3	呋喃西林代谢物 [b]	农业农村部公告第 250 号	GB/T 21167

a. 限产品明示标准和质量要求有限量规定时检测。

b. 蜂王浆冻干品除外。

表 3-16 蜂花粉检验项目

序号	检验项目	依据法律法规或标准	检验方法
1	铅（以 Pb 计）	GB 2762	GB 5009.12
2	菌落总数 [a]	GB 31636 产品明示标准和质量要求	GB 4789.2
3	大肠菌群 [a]	GB 31636 产品明示标准和质量要求	GB 4789.3 GB/T 4789.3—2003
4	霉菌 [a]	GB 31636 产品明示标准和质量要求	GB 4789.15

a. 即食的预包装蜂花粉检测，其中破壁蜂花粉仅限产品明示标准和质量要求有限量规定时检测。

（2）评价性抽检

依据法定程序和食品安全标准等规定开展抽样检验，对市场上食品总体安全状况进行评估的活动，是为了评价某种或某几种食品而进行的抽检，是有特定目的的行为。过程不强调靶向性而是强调随机性，评价性抽检的结果可以在一定程度上对某个区域内的某类型产品的食品安全状况进行评价。

（3）风险监测

风险监测是对没有食品安全标准的风险因素，开展监测、分析、处理的活动。通过风险监测，从一定程度反映一个地区食品安全监管工作水平，提高食品安全监督抽检靶向性，评价食品安全整治效果，为政府食品安全监管提供科学信息，客观评价并发布食品安全现状，科学引导社会公众合理、安全消费。

2. 型式检验

蜂产品型式检验是指对蜂产品生产企业的生产设备、工艺条件、原材料、成品等进行全面或部分的检验，以确定其是否符合食品安全相关法规和标准的要求。型式检验可以有效提高蜂产品生产企业的管理水平和产品质量，保障消费者的健康和权益。

蜂产品型式检验流程：

企业向检验机构提出检验申请，并提供产品的相关资料和样品。

检验机构接收企业的样品并进行登记，确认检验要求和标准，制定检验方案（检验项目、检验方法、判定标准等），进行实验室检测、数据分析，评估产品是否符合相关标准和法规的要求，编写食品型式检验报告（内容包括样品信息、检验项目、检验方法、检测结果、判定结论等），对报告进行审核和签发。

企业接收检验报告，并根据需要对报告进行传递或公示。

国家市场监督管理总局关于公布《蜂产品生产许可审查细则（2022 版）》的公告中蜂产品检验项目与检验方法见表 3–17 至表 3–20。

表 3–17　蜂蜜的检验项目与检验方法

序号	检验项目	标准号	标准名称	检验方法
1	感官	GB 14963 GH/T 18796	《食品安全国家标准 蜂蜜》 《蜂蜜》	GB 14963
				GH/T 18796
2	果糖和葡萄糖			GB 5009.8
3	蔗糖			
4	锌	GB 14963	《食品安全国家标准 蜂蜜》	GB 5009.14
5	菌落总数			GB 4789.2
6	大肠菌群			GB 4789.3
7	霉菌计数			GB 4789.15
8	嗜渗酵母计数			GB 14963

续表

序号	检验项目	标准号	标准名称	检验方法
9	水分	GH/T 18796	《蜂蜜》	SN/T 0852
10	酸度			
11	羟甲基糠醛			GB/T 18932.18
12	淀粉酶活性			GB/T 18932.16
13	灰分			GB 5009.4
14	碳 –4 植物糖			GB/T 18932.1
15	铅	GB 2762	《食品安全国家标准 食品中污染物限量》	GB 5009.12
16	标签	GB 7718	《食品安全国家标准 预包装食品标签通则》	GB 7718
17	营养标签	GB 28050	《食品安全国家标准 预包装食品营养标签通则》	GB 28050
18	净含量	国家质检总局令第 75 号	《定量包装商品计量监督管理办法》	JJF 1070
19	兽药残留、农药残留等指标	按照相关规定执行	—	按照对应方法标准执行

表 3–18　蜂王浆（含蜂王浆冻干品）的检验项目与检验方法

序号	检验项目	标准号	标准名称	检验方法
1	感官	GB 9697 GB/T 21532	《蜂王浆》 《蜂王浆冻干粉》	GB 9697
				GB/T 21532
2	水分			GB 9697
3	10– 羟基 –2– 癸烯酸			
4	蛋白质			
5	总糖			
6	灰分			
7	酸度			
8	淀粉			
9	标签	GB 7718	《食品安全国家标准 预包装食品标签通则》	GB 7718
10	净含量	国家质检总局令第 75 号	《定量包装商品计量监督管理办法》	JJF 1070

表 3-19　蜂花粉的检验项目与检验方法

序号	检验项目	标准号	标准名称	检验方法	备注
1	感官	GB 31636 GB/T 30359	《食品安全国家标准 花粉》《蜂花粉》	GB 31636	—
				GB/T 30359	
2	水分			GB 5009.3 减压干燥法	
3	灰分			GB 5009.4	
4	蛋白质			GB 5009.5 凯氏定氮法	
5	单一品种蜂花粉的花粉率			GB 31636	仅对单一品种蜂花粉有要求
				GB/T 30359	
6	酸度			GB 31636	
				GB/T 30359	
7	菌落总数	GB 31636	《食品安全国家标准 花粉》	GB 4789.2	—
8	大肠菌群			GB 4789.3	
9	霉菌			GB 4789.15	
10	碎蜂花粉率	GB/T 30359	《蜂花粉》	GB/T 30359	对碎蜂花粉不作要求
11	脂肪			GB 5009.6 第二法	—
12	总糖				
13	黄酮类化合物			GB/T 30359	
14	过氧化值				
15	铅	GB 2762	《食品安全国家标准 食品中污染物限量》	GB 5009.12	
16	标签	GB 7718	《食品安全国家标准 预包装食品标签通则》	GB 7718	
17	净含量	国家质检总局令第 75 号	《定量包装商品计量监督管理办法》	JJF 1070	

表 3-20　蜂产品制品的检验项目与检验方法

序号	检验项目	标准号	标准名称	检验方法	备注
1	感官	产品明示标准	产品明示标准	产品明示标准	—
2	水分			产品明示标准	
3	果糖和葡萄糖			GB 5009.8	以蜂蜜为主要原料的产品
4	10- 羟基 -2- 癸烯酸			GB 9697	以蜂王浆为主要原料的产品
5	蛋白质			GB 5009.5 凯氏定氮法	以蜂王浆、蜂花粉为主要原料的产品
6	菌落总数			GB 4789.2	—
7	大肠菌群			GB 4789.3	
8	霉菌计数			GB 4789.15	
9	标签	GB 7718	《食品安全国家标准 预包装食品标签通则》	GB 7718	
10	营养标签	GB 28050	《食品安全国家标准 预包装食品营养标签通则》	GB 28050	对每日食用量 ≤ 10g 或 10mL 的产品不作要求
11	净含量	国家质检总局令第 75 号	《定量包装商品计量监督管理办法》	JJF 1070	—
12	食品添加剂、污染物等指标	按照相关规定	—	按照对应标准	—

3.4.2 进出口领域

海关总署负责实施进出口食品安全监督管理，确保进出口食品、食品添加剂和食品相关产品符合中国食品安全国家标准和其他相关法律、行政法规的规定，保障国内外消费者的食品安全权益。海关在蜂产品检验检测方面的权利和职责包括：进出口食品安全监督管理、进口食品检验与合格证明等。

海关国家蜂产品检测重点实验室有秦皇岛海关技术中心、南京海关动植物与食品检测中心等，这些实验室承担出入境蜂产品及政府机关和社会委托的蜂产品的检验、检测、检疫等工作。

1. 秦皇岛海关技术中心

秦皇岛海关技术中心拥有海关总署批复成立的国家蜂产品检测重点实验室、国家葡萄酒检测重点实验室、国家农药兽药残留检测重点实验室、国家医学媒介生物监测重点实验室，是中国合格评定国家认可委员会（CNAS）认可实验室、国家认证认可监督管理委员会（CNCA）认证实验室，同时还是"庞国芳院士实验室"。

实验室已通过 CNAS 认可 1000 多个国内外检测标准，检测项目 10000 多项，拥有大中型检测仪器设备 100 多台（套）。拥有一支专业技术人员队伍，制定了中国第一个蜂蜜掺假检测国家标准，并研制了蜂产品中农药兽药残留检测技术国家标准 43 项。

蜂产品检测范围包括：①蜂蜜真假鉴别项目：碳 -4、TLC、大米糖浆、甜菜糖浆、六项碳同位素、β - 呋喃果糖苷酶、混合糖浆鉴别 SMX、NMR、淀粉酶、甘露糖等；②蜂蜜、蜂王浆和干粉中多种农药兽药残留检测项目：500 多种农药残留、24 种磺胺类、18 种喹诺酮类、9 种青霉素类、11 种大环内酯类、四环素类、三甲氧苄氨嘧啶、头孢类、氯霉素、硝基咪唑类、硝基呋喃代谢物等；③理化项目：水分、色泽、淀粉酶值、蔗糖转化酶、果糖、葡萄糖、蔗糖、麦芽糖、松二糖、酸度、花粉率、羟甲基糠醛、脯氨酸、电导率等；④生物相关项目：菌落总数、大肠菌群、霉菌、嗜渗酵母菌、致病菌（沙门氏菌、金黄色葡萄球菌、志贺氏菌）、转基因、疫病（欧洲蜂幼虫腐臭病、美洲蜂幼虫腐臭病等）。

秦皇岛海关技术中心致力于研究蜂产品质量安全及真伪鉴别检测技术研究、开发与应用，紧跟国内外需求，不断开拓创新，破解国外技术贸易壁垒，为守护国门安全，促进蜂产品进出口贸易发展提供支撑和保障。经中心检验的蜂产品出口到欧盟、日本等多个国家和地区，得到国内外业界普遍认可。

先后开发出一系列新技术，主要包括：①蜂蜜掺假鉴别新项目，如大米糖浆、甜菜糖浆、木薯淀粉糖浆、阿洛酮糖等掺假鉴别新项目，开发构建基于核磁共振（NMR）氢谱的蜂蜜掺假鉴别技术平台。②建立蜂蜜植物源属性鉴别的系列色谱质谱技术，发现油菜蜜、洋槐蜜、枣花蜜、荆条蜜、椴树蜜、茴香蜜、荞麦蜜、薰衣草蜜等单花种蜂蜜特征标志物并建立相应检测技术；研发 3 项蜂蜜蜂种属性鉴别技术，通过分子生物学、特征化学标示物的挖掘与检测技术构建，实现中华蜜蜂蜂蜜（土蜂蜜）与意蜂蜂蜜的区分鉴别。③研发蜂蜜 12 种糖组分、20 种氨基酸、上百种挥发性成分等内源性成分检测技术。④破解蜂蜜中苦参碱检测与溯源难题，为蜂蜜国际贸易提供重要支撑。

秦皇岛海关技术中心积极参与 ISO 国际标准制定工作。近年来，实验室技术骨干作为国际注册专家或国内专家组成员参与制定了蜂王浆、蜂花粉、蜂胶、蜂蜜、蜂胶提取物 5 项 ISO 国际标准，为中国蜂产品行业与国际接轨、掌握国际话语权提供重要支撑。

2. 南京海关动植物与食品检测中心

南京海关动植物与食品检测中心成立于 2003 年 10 月，是国家级农兽药残留和蜂产品检测重点实验室、中国对欧盟出口动物源性食品残留监控基准实验室、蜂产品检测能力验证提供者、新日本检定协会（SK）认可的蜂产品出口国际分包实验室、新西兰麦卢卡蜂蜜协会（UMFHA）指定中国合作实验室。

该中心目前共有食品相关仪器设备 350 台（套），如核磁共振仪、同位素质谱仪、高分辨质谱仪、液相色谱质谱联用仪、气相色谱质谱联用仪等，总价值超过 1.1 亿元。依据 ISO/IEC 17025 建立了科学完善的实验室质量管理体系，已获 CNAS 认可检测参数 6533 项、中国计量认证（CMA）认可参数 6649 项。建有"博士后科研工作站"和南京农业大学动物医学院"研究生联合培养基地"。拥有专业的技术团队，包括江苏省"333 高层次人才"8

人，正高级职称 17 人、副高级职称 35 人。科研制标方面，中心制定蜂产品相关国家、行业标准 27 项，参与制定了蜂王浆 ISO 国际标准 1 项。

该中心可开展的蜂产品相关检测项目包括同位素、农兽药残留、常规理化、食品添加剂、生物毒素、持久性有机污染物、真伪鉴别、功能成分、微生物污染、转基因污染。基本涵盖蜂产品的所有检测领域。中心连年参加 FAPAS（英国弗帕斯分析实验室）、LGC（英国政府化学家实验室）及 LSA（诺贝尔奖获得者科学联盟）等国际能力验证，均取得满意结果。中心团队研发的多药物残留检测、非定向有毒有害残留物筛查及掺假使假鉴别检测方法，填补了国内外相关检测技术领域空白；在蜂产品检测领域的多项原创性检测技术，也得到市场监管部门、国外行业协会及第三方检测机构的认可。

南京海关动植物与食品检测中心长期从事蜂产品检测技术的研究和开发。从 2011 年开始，相继推出了大米糖浆标志物检测方法（Syrup Marker Rice, SMR）、甜菜糖浆标志物检测方法（Syrup Marker Beet, SMB）、混合糖浆标志物检测方法（Syrup Marker X, SMX）等一系列用于蜂蜜掺假鉴别的实验室内部科研方法。其中 SMX 在 SMR 和 SMB 的基础上，同时检测多种糖浆标志性成分和蜂蜜标志性成分并进行综合判定。SMX 通过一系列盲样测试后，已被国内外相关监管部门、技术机构、生产企业广泛认可，成为目前国内外最准确、可靠的蜂蜜掺假鉴别检测方法之一。多年被原国家质量监督检验检疫总局和原国家食品药品监督管理总局分别用于进出口蜂蜜和国内市场蜂蜜的风险监测。

3.5 中国蜂产品研究机构与行业组织

3.5.1 蜂产品相关研究机构

中国专业从事蜜蜂卫生相关兽医研究的机构有中国农业科学院蜜蜂研究所、福建农林大学动物科学学院（蜂学学院）、吉林省养蜂科学研究所、甘肃省蜂业技术推广总站（甘肃省养蜂研究所）等。

其中，中国农业科学院蜜蜂研究所是在朱德等老一辈无产阶级革命家亲切关怀和支持下，于1958年成立的国家级研究所。研究所面向世界农业科技前沿、面向国家重大需求、面向现代农业建设主战场、面向人民生命健康，加快建设世界一流学科和一流研究所，把解决中国农业农村发展中的公益性、基础性、前瞻性重大科技问题作为长期定位，推动中国蜜蜂等资源昆虫产业科技整体跃进，促进其在满足群众美好生活需要、推动农业绿色发展、保护修复生态环境、助力乡村振兴等方面发挥重要作用。

建所以来，研究所先后承担国家科技支撑计划、国家自然科学基金、科技成果转化项目、科研院所技术开发专项、公益性行业专项、科技基础条件平台项目、"863"、"948"及国际合作等国家和部级科研项目；多次作为牵头单位，携手国内其他蜂业科研单位、大学等联合开展技术攻关与应用推广，促进中国蜂业提质增效和产业升级。2015年，中国农业科学院科技创新工程实施以来，原始科技创新能力和科技成果取得跨越式发展，聚焦农业主战场发挥特色优势取得积极成效。全国首个通过国审的抗螨高产蜜蜂配套系"中蜜一号"列入农业部2016年农业主导品种和主推技术。

研究所现以传粉昆虫繁殖与授粉应用、传粉昆虫资源与育种、资源昆虫生物学与饲养、资源昆虫保护、资源昆虫产品加工与功能评价、蜂产品质量与风险评估、中华蜜蜂利用与生态等学科方向组建了七支科技创新团队开展科技创新工作。

研究所拥有国家蜜蜂基因库（北京）、国家农业科学海淀观测实验站、农业农村部授粉昆虫生物学重点实验室、国家蜂产业技术研发中心（蜂产业技术体系）、蜜蜂遗传资源保护中心、国家农产品加工技术研发中心蜂产品加工分中心、农业农村部蜂产品质量监督检验测试中心（北京）、农业农村部蜂产品质量安全风险评估实验室（北京）和农业农村部蜂产品质量安全控制重点实验室等科技创新平台。

3.5.2 蜂产品相关行业组织

1. 中国蜂产品协会

中国蜂产品协会是经中华人民共和国民政部审核登记，具有独立法人资格的全国性行业社会团体，是由从事养蜂生产、蜂产品加工、经营、外贸、科研、教学等企事业单位和个人自愿组成的跨地区、跨部门、跨所有制的蜂产品行业组织。

协会主要任务是：为中国蜂产品行业提供服务，反映广大会员的意愿和要求；加强行业管理，协调行业内生产、加工、贸易、科教等四个产业间的关系，通过发展蜂业产业化等途径，提高蜂产品行业的经济和社会效益；组织蜂产品行业市场分析和预测，通过各种媒体进行信息交流，强化蜂产品市场营销，规范市场秩序；举办国内外蜂产品展销会，接受委托，开展各种产品检测、鉴定、推荐和技术服务咨询；配合有关部门进行产品质量标准的制定和修订、质量体系认证工作和标准化管理，切实提高蜂产品质量；积极推动蜂业新产品研制开发和推广应用，不断提高其科技含量和附加值；组织行业人员培训，开展全行业优秀企业、先进个人评选和表彰，提高行业从业人员的素质、技术和管理水平；积极开展对外联络，促进出口贸易，组织会员单位与国际同行业进行广泛交流与合作。

2. 中国畜牧业协会蜂业分会

中国畜牧业协会蜂业分会隶属于中国畜牧业协会，接受其领导和监督，是由全国蜜蜂养殖、蜂产品加工、贸易及其相关行业的企事业单位和个人组成的行业联合组织，是代表中国蜜蜂行业的非营利社会团体。重点工作内容包括：开展蜜蜂行业数据统计监测和行业专项调研，摸清行业发展状况，认识行业发展规律，预警行业风险，为行业发展趋势把脉；调查研究国内外蜜蜂产业及相关行业的发展动态和趋势，为行业发展提供相应的信息，为政府制定行业政策、法规、规划等提供参考；采用多种方式宣传推广蜜蜂产业，让更多的消费者了解蜜蜂养殖过程及蜂蜜、蜂胶、蜂王浆、蜂毒等蜂产品出产过程，为蜜蜂养殖及蜂产业加工企业树立良好的社会形象；参与制定实施行业行为规范，制定相应的团体标准，建立行业自律机制；等等。

3. 中国食品土畜进出口商会蜂产品分会

中国食品土畜进出口商会的宗旨：对粮油、食品、土产、畜产行业的贸易、服务及相关活动进行协调和规范，开展咨询、服务，保护公平竞争，维护国家、行业和会员的合法权益，维护正常的贸易、服务及相关活动经营秩序，推动会员企业承担社会责任，促进中国粮油、食品、土产、畜产等行业的健康发展。中国食品土畜进出口商会蜂产品分会（简称"蜂产品分会"）成立于1988年，是中国蜂产品行业权威行业组织，为促进蜂产品国际贸易和国内生产、消费做出积极贡献。蜂产品分会会员企业400余家，涵盖蜂产品生产和贸易各个环节，代表了中国蜂业整体产业水平和发展方向。

蜂产品分会与日本、德国、新西兰、巴西、智利、西班牙等20余国的蜂产品行业组织保持密切的联系，积极维护中国行业利益和形象，为促进中国蜂产品行业高质量发展做出了积极贡献。自成立以来，蜂产品分会积极作为，倡导行业自律，致力于为行业企业创造公平竞争的市场环境和良好的经营秩序，维护国家和行业利益，推动行业发展。为净化中国蜂产品进出口和国内消费市场环境，倡导天然蜂产品生产、贸易和消费，蜂产品分会创设"天然蜂蜜品鉴推荐平台"，向市场推介优秀蜂产品企业和高品质蜂产品，提振消费者信心；蜂产品分会联合中国质量检验检测科学研究院创建"中国蜂蜜标准样数据库"建设项目，为完善真假蜂蜜检测手段提供科学可靠的依据。蜂产品分会有两大品牌活动，分别为：

（1）中国蜂产品行业大会

中国蜂产品行业大会是商会倾力打造的国际化蜂产品行业品牌大会，大会汇聚全球行业精英，激发头脑风暴，是全球蜂产品贸易和交流的重要会议平台。大会邀请国内外专家、政府职能部门深刻解读最新蜂产品国际、国内贸易形势和产业情况，解析蜂产品行业发展中的热点和焦点、难点问题，为行业提供前瞻性、专业性和国际性蜂产品行业交流平台，促进中国蜂产品行业高质量发展。截至 2024 年，中国蜂产品行业大会已连续成功举办 14 届。

（2）中日蜂产品会议

日本是中国蜂产品长期以来最为传统、重要的贸易伙伴之一。中国向日本提供了其进口总量 70%~95% 的蜂蜜产品，每年有数万吨蜂蜜出口到日本，中国蜂王浆产量的三分之一输日。

中日蜂产品会议由蜂产品分会与全日本蜂蜜协同组合、日本蜂蜜输入商社协议会和日本蜂蜜公正取引协议会共同组织召开，第 20 次会议日本蜂蜜公正取引协议会加入其中。该会议是中日业界成功交流机制的典范，曾在历史上为成功解决"肯定列表"和"命令检查"发挥重要作用。截至 2024 年，中日蜂产品会议已举办 29 次。

蜂产品分会的工作对于保护蜂产品出口公平竞争、提高企业效益、稳定并扩大市场、推动行业的整体进步、提高会员企业经营效益发挥了积极的作用。由于蜂产品分会的有效服务，近年来蜂产品出口的卫生安全和质量水平得到提升，出口市场不断得到拓展，会员企业出口效益不断提高。

4. 中国养蜂学会

中国养蜂学会于 1979 年 6 月成立，是经中华人民共和国农业部批准、中华人民共和国民政部审核登记的具有独立法人资格的全国性、学术性、专业性、行业性、非营利性全国一级社团，它涵盖蜜蜂领域科研、教学、生产、管理、加工、经营等领域，是中国蜂业唯一具有学术权威的一级社会组织。

学会的业务范围：全国蜂业协调与管理，协助政府制定和修订蜂业政策、法律、标准、规划及发展战略，搭建政府与行业的桥梁，开展学术交流、信息交流、技术指导、业务培训、展览展示、刊物编辑、咨询服务、项目规划、技术评估、成果推荐、基地建设、国际交流与合作等。

学会有 15 个分支机构：蜜蜂饲养管理专业委员会、蜜蜂生物学专业委员会、蜜蜂育种专业委员会、蜜蜂保护专业委员会、蜜源与授粉专业委员会、蜂业经济专业委员会、蜂产品加工专业委员会、蜂业机具与装备专业委员会、蜂疗保健专业委员会、中蜂协作委员会、蜂业标准化研究工作委员会、蜜蜂文化专业委员会、蜂业维权委员会、蜜蜂科普委员会、养蜂者委员会。

第四章

Chapter 4

中国蜂产品进出口监管体系

4.1 中国蜂产品进出口监管概述

《中华人民共和国国民经济和社会发展第十四个五年规划和2035年远景目标纲要》提出，加强和改进食品药品安全监管制度，完善食品药品安全法律法规和标准体系。海关作为进出口食品安全的监管机构，践行"四个最严"基本要求，明确进出口食品安全制度性设计，积极融入现代化治理理念，为实现"十四五"规划目标打下良好基础。《中华人民共和国进出口食品安全管理办法》（海关总署第249号令）恪守"四个最严"基本要求，提出坚持安全第一、预防为主、风险管理、全程控制、国际共治的原则，被赋予"为了保障进出口食品安全，保护人类、动植物生命和健康"的使命与意义，具有划时代的意义。

根据《中华人民共和国进出口食品安全管理办法》规定，海关对进出口可食用蜂产品实施检验检疫和监督管理，强调海关从守护国门安全职能出发，不仅保障传统食品安全，还关注非传统食品安全和生态安全，全面体现总体国家安全观的要求。中国蜂产品进出口监管以建立更为科学、严格的进出口食品安全监管制度为目标，旨在突出国内外政府监管部门、行业组织、国际组织等国际贸易食品安全相关主体共同参与食品安全责任落实，形成各方良性互动、有序参与、共同监督的良好氛围，加快推动形成科学严密、高效便利、协调统一、公开透明的进出口蜂产品安全现代化治理体系。

4.2 蜂产品进口监管要求

在进口蜂产品方面，海关结合近年来强化监管、优化服务的各项措施和监管实际，明确了进口包括蜂产品在内的食品安全的监管制度，就进口蜂产品境外国家（地区）食品安全管理体系评估和审查的启动、内容、方式、终止和延期、通报结果等做出具体规定，对进口商建立境外出口商、境外蜂产品生产企业审核制度提出要求，还对进口蜂产品合格评定、口岸现场查验、中文标签管理、不合格处置、风险控制措施等重要监管制度予以明确。

4.2.1 蜂产品准入

为防止境外蜂病疫情传入，保障进口蜂产品安全，维护消费者健康权益，中国对输华蜂产品国家（地区）官方安全卫生管理体系进行评估审查，只有列入"符合评估审查要求及有传统贸易的国家或地区输华食品目录"方可对华出口。

1. 准入流程

根据中国的法律规定和国际通行做法，以及《中华人民共和国进出口食品安全管理办法》的相关要求，在完成以下程序后，拟输出国方可对华出口蜂产品：

（1）拟输出国以书面方式向中国海关总署提出对华出口蜂产品申请。中方根据拟输出国动物（蜂病）疫情状况决定是否启动评估审查程序。如启动，则向拟输出国提交输华蜂产品风险评估问卷。

（2）拟输出国根据问卷予以回复，提供相关技术资料，包括输出国兽医卫生和公共卫生的法律法规体系、组织机构、兽医服务体系、蜂产品的生产方式、安全卫生控制体系、残留监控体系、蜂病疫病的检测和监控情况等资料。

（3）中方对输出国官方提供的答卷及相关资料进行风险评估，如果评估认为输出国的食品安全卫生状况在可接受范围内，则中方将派专家组赴输出国进行实地考察。

（4）双方就对华出口蜂产品的检验检疫要求进行磋商，达成一致后签署议定书，并确认卫生证书内容和格式。

在完成以上评估审查程序后，拟向中国输出蜂产品的企业还必须按照中国的有关法律法规进行企业注册，同时拟输出国需向中国海关总署提供在华注册企业的产品种类、签字兽医官等信息，企业获得在华注册后方准对华出口。

2.准入名单

目前纳入海关总署《符合评估审查要求及有传统贸易的国家或地区输华蜂产品名单》（即准入名单）的国家（地区）有新西兰、澳大利亚、俄罗斯、西班牙、马来西亚、法国、英国、美国、日本、泰国、塞尔维亚、古巴等。（具体名单详见海关总署网站，表4-1截至2024年10月31日）。

表4-1 符合评估审查要求及有传统贸易的国家或地区输华蜂产品名单

国家 / 地区	产品名称
智利	天然蜂蜜、蜂王浆、蜂胶
斯洛文尼亚	天然蜂蜜
拉脱维亚	天然蜂蜜
亚美尼亚	天然蜂蜜
哈萨克斯坦	天然蜂蜜

续表

国家/地区	产品名称
赞比亚	天然蜂蜜
吉尔吉斯斯坦	天然蜂蜜
匈牙利	天然蜂蜜
罗马尼亚	天然蜂蜜
保加利亚	天然蜂蜜
乌兹别克斯坦	天然蜂蜜
阿根廷	天然蜂蜜
法国	蜂花粉、天然蜂蜜
新西兰	蜂花粉、天然蜂蜜、蜂胶、蜂王浆
泰国	天然蜂蜜
波兰	天然蜂蜜
澳大利亚	蜂花粉、天然蜂蜜、蜂胶、蜂王浆
土耳其	天然蜂蜜
西班牙	蜂花粉、蜂胶、天然蜂蜜
墨西哥	天然蜂蜜
乌拉圭	蜂胶、天然蜂蜜
巴西	蜂花粉、天然蜂蜜、蜂胶、蜂王浆
中国台湾	蜂花粉、蜂胶、天然蜂蜜
马来西亚	天然蜂蜜、蜂王浆
俄罗斯	天然蜂蜜
瑞士	天然蜂蜜
希腊	天然蜂蜜
日本	天然蜂蜜、蜂胶
葡萄牙	天然蜂蜜

续表

国家／地区	产品名称
英国	天然蜂蜜
奥地利	天然蜂蜜
美国	天然蜂蜜
爱沙尼亚	天然蜂蜜
意大利	蜂花粉、天然蜂蜜、蜂王浆
加拿大	天然蜂蜜、蜂王浆
埃及	天然蜂蜜
印度尼西亚	天然蜂蜜
缅甸	天然蜂蜜
丹麦	天然蜂蜜
德国	天然蜂蜜、蜂胶、蜂王浆
古巴	天然蜂蜜
伊朗	天然蜂蜜
阿尔巴尼亚	天然蜂蜜
乌克兰	天然蜂蜜
塞尔维亚	天然蜂蜜
白俄罗斯	天然蜂蜜
坦桑尼亚	天然蜂蜜

4.2.2 检验检疫依据

对于拟输华蜂产品，中华人民共和国海关总署与出口国家（地区）主管部门会协商其输华蜂产品的检验检疫和兽医卫生要求并签订双边议定书，主要检验检疫依据包括：

1. 法律法规

法律法规主要包括《中华人民共和国食品安全法》及其实施条例、《中华人民共和国进出境动植物检疫法》及其实施条例、《中华人民共和国进出口商品检验法》及其实施条例、《国务院关于加强食品等产品安全监督管理的特别规定》，以及《中华人民共和国进出口食品安全管理办法》《中华人民共和国进口食品境外生产企业注册管理规定》（海关总署第248号令）等。

2. 双边议定书

中华人民共和国海关总署和出口国家（地区）主管部门签署的关于输华蜂产品的检验检疫和兽医卫生要求议定书（以下简称《议定书》）。

3. 允许进口的产品

《议定书》将明确允许进口的该国家（地区）蜂产品的范围和定义。

4.2.3 生产企业要求

要求输华蜂产品的加工企业应当经中华人民共和国海关总署注册。出口国家（地区）主管部门对拟输华蜂产品加工企业进行审核，认定其符合中方法律法规、标准及《议定书》要求的，向中方推荐。未经注册的蜂产品加工企业不得向中国出口。

根据《中华人民共和国进口食品境外生产企业注册管理规定》（海关总署第248号令）的相关规定，蜂蜜的境外生产企业需由所在国家（地区）主管当局推荐注册，所在国家（地区）主管当局对其推荐注册的企业进行审核检查，确认符合注册要求后，向海关总署推荐注册。海关总署组织专家对申请注册登记的境外生产企业是否符合注册登记条件进行审查，获得注册登记的境外生产企业在海关总署网站上对外公布。

4.2.4 相关技术要求

输华蜂产品需要从为输华蜂产品提供原料的蜜蜂到生产、贮存和运输等各个环节满足相关检验检疫要求，但不同国家或地区与中国签署的《议定书》中，有关检验检疫要求因其条件不同也有所区别。下面以2024年10月25日海关总署发布的《关于进口坦桑尼亚蜂蜜检验检疫要求的公告》（2024年第150号公告）为例分析。

1. 检验检疫要求

（1）为输华蜂蜜提供原料的蜜蜂须符合下列条件：

①来自位于坦桑尼亚国境内的养蜂场，该养蜂场应由坦方主管部门登记且受到有效监管。

②蜜蜂采集植物的花蜜、分泌物或蜜露应安全无毒，不得来源于有毒蜜源植物和转基因植物。

（2）坦方确认其境内无蜜蜂亮热厉螨病。

（3）养蜂场周围半径5km、产品输华前12个月内无美洲蜂幼虫腐臭病和欧洲蜂幼虫腐臭病。

（4）对于蜜蜂瓦螨病的检疫要求：该批蜂蜜来源养蜂场及其周围半径5km、产品输华前12个月内无瓦螨侵染；或已使用孔径不超过0.42mm的滤器过滤；或加热至中心温度50℃，并在此温度下维持20分钟；或冰冻至中心温度−12℃或更低温度，并在此温度下维持至少24小时，以确保杀灭蜜蜂瓦螨病及其虫卵，并采取必要措施，有效去除螨虫残体及其虫卵。

（5）对于蜂房小甲虫病（蜂窝甲虫）的检疫要求：该批蜂蜜来源养蜂场无蜂房小甲虫（蜂窝甲虫）侵染；或已使用孔径不超过0.42mm的滤器过滤；或加热至中心温度50℃，并在此温度下维持24小时；或冰冻至中心温度−12℃或更低温度，并在此温度下维持至少24小时，以确保杀灭蜂房小甲虫病及其虫卵，并采取必要措施，有效去除蜂房小甲虫残体及其虫卵。

2. 生产、贮存和运输要求

（1）为生产输华蜂蜜提供原料的养蜂场从未使用过中国和坦桑尼亚禁止使用的兽药。

（2）输华蜂蜜来自已建立溯源系统的加工企业，保证输华蜂蜜可追溯到其养蜂场。

（3）输华蜂蜜中兽药、农药、微生物、重金属及其他环境污染物残留量不超过中国和坦桑尼亚的最高限量。

（4）在重大公共卫生疫病流行期间，企业按照有关国际标准开展疫情防控，制定必要的蜂蜜安全防控措施，确保蜂蜜在原料接收、加工、包装、贮存、运输等全过程中的防控措施有效，未被交叉污染。

（5）输华蜂蜜产品是卫生、安全的，适合人类食用。

（6）输华蜂蜜在加工、贮存和运输全过程中，应符合中国和坦桑尼亚的相关卫生要求，防止受有毒有害物质的污染。输华蜂蜜不得与不符合《议定书》要求的产品、非本注册加工企业的产品、本注册加工企业的其他产品同时加工或混合。

（7）坦方应做好从养蜂场到加工、包装、贮存各个阶段的标示。应设有专门贮存输华蜂蜜的独立成品库或专门区域并明显标示。

（8）货物在装入集装箱后，应在坦方官员监督下加施铅封，铅封号须在兽医卫生证书中注明。运输过程中不得拆开及更换包装。

3. 证书要求

输华蜂蜜每一集装箱/批次应至少随附一份正本卫生证书，证明该批次产品符合中国和坦桑尼亚兽医和公共卫生相关法律法规及《议定书》的有关规定。

兽医卫生证书用中文、斯瓦希里语和英文写成，兽医卫生证书的格式、内容须事先获得双方认可。

坦方应提供检验检疫印章印模、卫生证书样本、授权签证人员名单及对应的签名式样、防伪标识说明等资料给中方备案，如有更改、变换，至少提前1个月向中方通报。

4. 包装及标示要求

输华蜂蜜必须用符合中国食品安全国家标准的食品接触材料包装。

包装须密封，并应当以中文标明品名、产品的规格、产地（具体到州 / 省 / 市）、生产企业注册号、生产批号、目的地（目的地应当标明为中华人民共和国）、生产日期（年 / 月 / 日）、保质期等内容。

预包装输华蜂蜜还应符合中国关于预包装食品标签的法律法规和标准的要求。

4.2.5 进出口商备案

向中国境内出口蜂产品的境外出口商或者代理商应当向海关总署备案，进口商应当向其住所地海关备案。

进口商应保存好进口和销售记录，包括进口加工食品的检验检疫证书编号、品名、规格、数量、生产日期（批号）、保质期、出口商和购货者名称及联系方式等内容。保存期限不得少于 2 年。记录和凭证保存期限不得少于食品保质期满后 6 个月；没有明确保质期的，保存期限为销售后 2 年以上。

4.2.6 产品合格评定

在蜂产品申报进口时，海关按照双边《议定书》及中国食品安全国家标准进行抽检、合格评定，确保符合中国食品安全国家标准的产品进入中国流通市场。

1. 申报

根据《中华人民共和国进出口食品安全管理办法》相关规定，蜂蜜进口商或者其代理人进口蜂蜜时应当依法向海关如实申报。

（1）要注意规范填写该企业在华注册编号。

（2）未按要求规范填报的，海关不接受申报。

（3）除常规申报资料外，还需注意提交蜂蜜的原产地证、官方检疫（卫生）证书、进口预包装中文标签样张等。

2. 单证申报注意事项

（1）境外的出口商或代理商、境内收货人应经过海关备案，产品应在《符合评估审查要求及有传统贸易的国家或地区输华蜂产品名单》内，境外生产企业应已在华注册。

（2）出口国（地区）输华官方证书的内容和格式应经过海关总署确认（部分传统贸易国家除外）。

对于来自新西兰的蜂蜜，要求随附新西兰初级产业部出具的官方证书，证明该蜂蜜为天然，且不含任何添加的"二羟基丙酮（DHA）"和"甲基乙二醛（MG）"。

3. 合格评定

进口蜂蜜经海关合格评定合格的，准予进口，海关出具《入境货物检验检疫证明》。进口蜂蜜经海关合格评定不合格的，涉及安全、健康、环境保护项目不合格的，由海关书面通知食品进口商，责令其销毁或者退运；其他项目不合格的，经技术处理符合合格评定要求的，方准进口。

4.3 蜂产品出口监管要求

近年来，中国出口的天然蜂蜜受到越来越多国家或地区人民的欢迎，出口量连年增长，出口蜂蜜的质量安全也备受各国或地区消费者的关注。为了保障出口蜂蜜产品的安全，海关明确了对出口包括蜂产品在内的食品安全监管的各项措施；对出口蜂产品企业推荐对外注册和境外通报核查等予以明确；根据近年来中国出口蜂产品贸易不断增长、质量安全水平持续提升的实际，对出口蜂产品生产企业卫生控制、生产企业监督检查、现场检查和监督抽检、风险预警控制措施等方面提出制度要求。

4.3.1 出口资质备案

1. 出口蜂产品原料养殖场备案

《中华人民共和国进出口食品安全管理办法》规定，出口食品原料种植、养殖场应当向所在地海关备案。海关总署统一公布原料种植、养殖场备案名单，备案程序和要求由海关总署制定。

根据《关于公布实施备案管理出口食品原料品种目录的公告》（原国家质检总局2012年第149号公告）规定，实施备案管理的出口食品原料动物产品目录包括禽肉、禽蛋、猪肉、兔肉、蜂产品、水产品。原国家质检总局出台的《关于对出口蜂产品养蜂基地实行检验检疫备案管理的通知》规定了出口蜂产品加工企业养蜂基地备案管理的具体要求。

（1）受理条件

获得农业主管部门养殖许可。与出口食品生产企业签订供货协议。

①申报材料真实有效。

②企业必须建立养殖场内蜂农档案和养蜂用药记录制度。

③企业必须按要求对养蜂基地内蜂农进行培训、指导、管理、监督和建档备案工作。企业对蜂产品的安全卫生质量进行控制，必须按照《出口蜂产品追溯规程》的规定保证每批出口产品具有可追溯性。

④养殖基地蜂农必须达到以下要求：遵纪守法、诚信，无不良记录；每户养蜂群数应达到一定规模；熟悉养蜂生产的有关规定和蜂病防治用药知识；熟悉国家禁用药物的规定和名称，并自觉遵守；每户（个）蜂农只能参加一个企业的基地备案，不得重复参加其他企业的基地备案。

（2）申请材料

出口蜂产品原料养殖场备案的申请材料主要包括：

①出口蜂产品原料养殖场备案申请书（海关总署官网可下载）。

②申请单位对养蜂场的各项管理制度，主要包括养蜂场管理制度、管理机构名称和设置、养蜂用药管理制度及相关记录（购买、贮存、发放等）、养蜂用药督查制度及相应的督查记录、养蜂现场跟踪监督指导计划、蜜蜂养殖操作规范、养蜂户投售原料标示卡（样张）、养蜂户档案、养蜂日志（样本）、蜂蜜及蜂王浆追溯管理制度等。

③养蜂场管理负责人、管理人员及技术人员的名单和相关资格证明材料。

④各养蜂生产小组所属区域及养蜂户数、蜂群数清单。

⑤企业和养蜂场签订的供货合同。

（3）海关备案办理

登录"互联网＋海关"一体化网上办事平台，点击"企业管理和稽查"模块中的"出口食品原料养殖场备案"，进入"行政相对人统一管理3.0"系统，选择"出口蜂产品原料养殖场备案"，按照操作提示提交电子版申请材料，向所在地主管海关提出网上申请。经海关审核符合条件的，予以备案。企业可通过系统查询出口蜂产品原料养殖场备案号。

2. 出口食品生产企业备案

（1）受理条件

中华人民共和国境内拟从事出口食品生产企业应当建立和实施以危害分析和预防控制措施为核心的食品安全卫生控制体系，该体系还应当包括食品防护计划。出口食品生产企业应当保证食品安全卫生控制体系有效运行，确保出口食品生产、加工、储存过程持续符合中国相关法律法规和出口食品生产企业安全卫生要求，以及进口国家或地区相关法律法规要求。

（2）海关备案办理

企业登录"互联网＋海关"一体化网上办事平台，点击"企业管理和稽查"模块中的"出口食品生产企业备案核准"，进入中国出口食品生产企业备案管理系统，按照操作提示提交电子版申请材料，向所在地主管海关提出网上申请。经海关审核通过后，核发"出口食品生产企业备案证明"，长期有效。

（3）备案企业要求

①生产企业应当建立完善可追溯的食品安全卫生控制体系，保证食品安全卫生控制体系有效运行，确保出口食品生产、加工、贮存过程持续符

合相关法律法规、出口食品生产企业安全卫生要求，进口国家（地区）相关法律法规和相关国际条约、协定有特殊要求的，还应当符合相关要求。

②生产企业应当建立供应商评估制度、进货查验记录制度、生产记录档案制度、出厂检验记录制度、出口食品追溯制度和不合格食品处置制度。相关记录应当真实有效，保存期限不得少于食品保质期期满后 6 个月；没有明确保质期的，保存期限不得少于 2 年。

③获得境外注册的企业，应当每年就是否能够持续符合进口国家（地区）注册条件进行自我评定，并向住所地海关报告。

④获得境外注册的企业，应当接受进口国家（地区）主管当局和海关实施的监督检查，如实提供有关情况和材料。

⑤出口食品存在安全问题，已经或者可能对人体健康和生命安全造成损害的，出口食品生产经营者应当立即采取相应措施，避免和减少损害发生，并向所在地海关报告。

4.3.2 对外推荐注册

1. 对外推荐注册基本要求

境外国家（地区）对中国输往该国家（地区）的出口蜂产品生产企业实施注册管理且要求海关总署推荐的，海关总署统一向该国家（地区）主管当局推荐。蜂产品生产企业及其产品获得该国家（地区）主管当局注册批准后，其产品方能出口。企业注册信息情况以进口国家（地区）公布为准。

2. 对外推荐注册申请流程

申请人登录"中国国际贸易单一窗口"或"互联网 + 海关"一体化网上办事平台，点击"企业管理和稽查"模块中的"出口食品生产企业备案核准"，进入"行政相对人统一管理 3.0"系统后，进入境外注册管理模块，点击"境外注册申请"，按照系统提示填写相关信息、上传相关申请材料，具体包括：

（1）出口食品生产企业境外注册申请书；出口食品生产企业申请境外

注册自我评估表。

（2）企业生产条件（包括但不限于厂区布局图、车间平面图、人流/物流图、水流/气流图、关键工序图片等）、生产工艺等基本情况。

（3）企业建立的可追溯的食品安全卫生控制体系文件。

（4）进口国要求的其他随附资料。

3. 欧盟蜂产品注册要求

2023 年 11 月 28 日，欧盟发布授权条例第 2023/2652 号法规，法规对来自欧盟外第三国蜂产品（包括蜂蜜、蜂王浆、蜂胶、蜂花粉和蜂蜡）实施进口名单制，即被列入欧盟进口名单上的机构才能对欧盟出口蜂产品。名单由第三国主管职能部门向欧盟提供，经欧盟确认成为正式名单。

该条例自发布之日起，过渡期为 1 年，即 2024 年 11 月 29 日之后，未列入进口名单机构的蜂产品将不能进入欧盟市场。这意味着欧盟对来自欧盟外第三国蜂产品（包括蜂蜜、蜂王浆、蜂胶、蜂花粉和蜂蜡）实施注册管理制度。

企业申请在欧盟注册蜂产品生产企业须满足以下条件：

（1）蜂产品原料来自海关备案养殖场。

（2）已完成出口食品生产企业备案手续。

（3）建立完善可追溯的食品安全卫生控制体系，保证食品安全卫生控制体系有效运行，确保出口食品生产、加工、贮存过程持续符合中国相关法律法规、出口食品生产企业安全卫生要求。

（4）进口国家（地区）相关法律法规和相关国际条约、协定有特殊要求的，还应当符合相关要求。

（5）切实履行企业主体责任，诚信自律、规范经营，且信用状况为非海关失信企业。

（6）一年内未因企业自身安全卫生方面的问题被进口国（地区）主管当局通报。

4.3.3 出口申报及海关监管

企业通过"中国国际贸易单一窗口"录入出口申报信息。出口蜂蜜生产企业所在地或组货地海关受理企业出口前申报监管申请，申报时企业应提供供货证明、合同等相关单证。产地或者组货地海关受理蜂蜜出口前监管申请后，依法对需要实施检验检疫的出口食品实施现场检查和监督抽检。出口蜂蜜经海关现场检查和监督抽检符合要求的，由海关出具证书，准予出口。

此外，企业还需注意的是，海关对关区内出口食品生产企业的食品安全卫生控制体系运行情况进行监督检查。监督检查包括日常监督检查和年度监督检查。监督检查采取资料审查、现场检查、企业核查等方式，并可以与出口食品境外通报核查、监督抽检、现场查验等工作结合开展。海关依法采取资料审查、现场检查、企业核查等方式，对备案原料种植、养殖场进行监督。

第五章

Chapter 5

欧盟蜂产品技术性贸易措施与对比研究

5.1 蜂产品安全法律法规标准体系

欧盟层面上的法律法规体系可分为两个层级：第一层是由立法机构通过的法律文件，称为"Legislative Act"，即法律；第二层是由欧盟委员会（最高行政机构）根据法律授权制定的法律文件，称为"Non-legislative Act"，即行政法规，主要包括实施条例（Delegated Act）和实施细则（Implementing Act）。实施条例是对法律进一步的说明和补充，实施细则是根据法律某项具体要求制定的具体执行要求。同时，在欧盟层面、成员国层面和协会组织层面分别制定了各种具有指导作用的指南和建议，指导企业或官方监管部门深入理解相关法律法规，确保相关工作符合法律法规要求。

欧盟法律法规主要有下列三种形式：Regulation（条例）、Directive（指令）、Decision（决议）。条例是直接适用于各成员国，无须转化为本国的法律法规要求；指令即各成员国需将指令的要求转化为本国的法律法规要求；决议是针对具体事项制定的法律法规。根据流程，欧盟法律法规可以分为食品安全基本法、初级生产环节的法律法规、生产加工环节的法律法规、产品安全法律法规、官方监管的法律法规等；根据管理领域欧盟法律法规可分为食品安全基本法、控制生物性危害的法律法规、控制化学性危害的法律法规、确保消费者知情权和营养健康的法律法规、打击掺假掺杂的管理要求、新资源食品法律法规等。

蜂产品安全法律法规体系可分为蜂产品标准、蜂产品疫病控制要求、蜂产品安全卫生要求及卫生标准等系列法律法规。

5.1.1 蜂产品标准

欧盟制定了 2001/110/EC 指令，规定了蜂蜜产品的定义、理化指标（表 5–1）和产品标示等要求。根据蜜源不同欧盟将蜂蜜分为花蜜蜂蜜和蜜露蜂蜜两大类；根据生产工艺不同欧盟将蜂蜜分为巢蜜、巢蜜蜂蜜混合蜜、自然流蜜（从蜂巢中自然排出蜂蜜）、离心采蜜（摇蜜）、压榨蜜（压榨蜂巢时可以加热到不超过 45℃）、过滤蜜（过滤有机或无机杂质时导致大量滤掉花粉）等。另外，欧盟还规定了有异味、发酵或过度加热的蜂蜜应只能用作生产加工原料，称为加工用原料蜜（Baker's honey）。蜂蜜不得加入任何其他成分，应尽量去除有机或无机杂质，不能滤除花粉或过度加热使酶失活等。

表 5–1　欧盟蜂蜜的理化指标要求

项目		指标	
含糖量	葡萄糖和果糖总量	花蜜	不低于 60g/100g
		蜜露蜜、花蜜蜜露混合蜜	不低于 45g/100g
	蔗糖含量	总体要求	不高于 5g/100g
		刺槐、苜蓿、孟席斯佛塔树、法国金银花、赤桉树、瑞香科乔木或灌木、柑橘	不高于 10g/100g
		薰衣草、玻璃苣	不高于 15g/100g

续表

项目		指标	
水分	总体要求	不高于 20%	
	帚石楠、一般加工用原料蜜	不高于 23%	
	帚石楠生产的加工用原料蜜	不高于 25%	
水溶性固形物	总体要求	不高于 0.1g/100g	
	压榨蜜	不高于 0.5g/100g	
导电性	除下列之外的蜜，混合蜜	不高于 0.8mS/cm	
	蜜露蜜和板栗蜜，以及除下列蜜的混合蜜：草莓树、灰欧石楠、桉树、酸橙、石楠花、麦卢卡树、茶树	不低于 0.8mS/cm	
游离酸	总体要求	不高于 50 毫当量 / 千克	
	原料蜜	不高于 80 毫当量 / 千克	
加工或混合后的淀粉酶活性和羟甲基糠醛（HMF）	淀粉酶活性（Schade scale）	除原料蜜外，总体要求	不低于 8ml/（g·h）
		天然酶含量低的蜂蜜（例如柑橘蜜）和 HMF 含量低于 15mg/kg 的蜜	不低于 3ml/（g·h）
	羟甲基糠醛（HMF）	除原料蜜外，总体要求	不高于 40mg/kg
		声称来自热带植物的蜜及其混合蜜	不高于 80mg/kg

蜂蜜标示要求：

应按照蜜源、生产工艺等描述蜂蜜的名称，除巢蜜、含巢蜜的混合蜜、过滤蜜、加工用原料蜜不能简单使用"蜂蜜"字样来标识，其他蜂蜜可以简单标注为蜂蜜，同时还应满足下列标示要求：

（1）加工用原料蜜，在产品名称附近应标注"仅能用于热加工"。

（2）除加工用原料蜜和过滤蜜外，其他蜂蜜产品名称可以标注额外的信息，包括蜜源植物、蜜源地、特殊质量标准等。

（3）使用原料蜜作为辅料生产的食品，食品名称的表述中可以使用"蜂蜜"，但是原辅料表中应使用"Baker's honey"。

（4）应标注蜂蜜的来源国，如果是混合蜜可以标注"欧盟国家混合蜜""非欧盟国家混合蜜""欧盟和非欧盟国家混合蜜"，应根据含量按照降序标注国家名称。

5.1.2 蜂产品疫病控制要求

2016年，欧盟制定了动物卫生管理的基本法，该法整合了分散在海量法律法规中的动物疫病管理要求，汇总成一部综合的动物疫病管理法律Regulation（EU）2016/429《动物卫生法》，法规附件中列明了需要管控的动物疫病，蜂病包括大蜂螨、小蜂螨、蜂房小甲虫、美洲蜂幼虫腐臭病。

同时根据法律授权制定了Regulation（EU）2018/1882《动物疫病分类和防控》，将动物疫病分为A、B、C、D、E五类：A类为一般在欧盟境内未发生，如果发生需立即采取根除措施的动物疫病；B类为所有欧盟成员国必须管控以实现在欧盟境内根除的动物疫病；C类为在部分成员国内有发生，需控制并防止向非疫区成员国传播或制定了根除计划的动物疫病；D类为需采取措施防止因进口或在成员国之间流通造成传播的动物疫病；E类为需要在欧盟范围内实施监测的动物疫病。其中大蜂螨属于C+D+E类，其他蜂病为D+E类。在欧盟动物防疫法中具体规定了各类疫病的防控要求和措施。针对E类疫病应采取的措施主要是通报和监测；针对D类疫病除通报和监测外还需要符合流通前通知、流通中防控和随附证书或证明等；针对C类疫病除符合上述要求外，还需要制订实施根除计划，符合无疫区要求等。

与蜂蜜有关的防控措施主要包括：Regulation（EU）2019/2035规定了养蜂场的备案和记录要求；Regulation（EU）2020/689规定了大蜂螨无疫区或无疫生物安全隔离区的要求；Regulation（EU）2020/692规定了向欧盟出口蜜蜂的动物卫生要求；Regulation（EU）2020/2002规定了大蜂螨、小蜂螨、蜂房小甲虫的通报义务。

5.1.3 蜂产品安全卫生要求及卫生标准

欧盟制定 Regulation（EC）No.852/2004《食品卫生通用规范》，法规附件Ⅰ规定了养殖环节的通用卫生要求，附件Ⅱ规定了食品生产过程的通用卫生要求，欧盟没有规定蜂产品特殊的卫生要求，因此在蜂蜜生产过程中应符合通用的食品生产企业卫生规范。

欧盟制定了 Regulation（EU）No.37/2010《动物源性食品中兽药残留限量》、Regulation（EC）No.396/2005《食品中农药残留限量》、Regulation（EU）2023/915《食品中污染物限量》和 Regulation（EC）No.2073/2005《食品微生物标准》，分别规定了食品中兽药残留、农药残留、污染物和微生物要求。其中《动物源性食品中兽药残留限量》规定了 670 种兽药残留限量，《食品中污染物限量》主要规定了铅的限量为 0.1mg/kg，《食品微生物标准》规定了严格的食品微生物指标要求，对食源性细菌及其毒素和代谢物制定了食品安全限量标准。兽药的残留限量见表 5–2。

表 5–2　兽药的残留限量

残留项目	限量（μg/kg）
双甲脒（Amitraz）	200
蝇毒磷（Coumafos）	100
与以色列急性麻痹病毒基因区和外壳蛋白核糖核酸编码同源的双链核糖核酸（Double stranded ribonucleic acid homologous to viral ribonucleic acid coding for part of the coat protein and part of the intergenic region of the Israel Acute Paralysis Virus）	无须制定限量
啤酒花提取的半固体提纯物，含有 48% 的 β 酸（钾盐）[Purified semi–solid extract from Humulus lupulus L.containing approximately 48% of beta acids（as potassium salts）]	用于体表寄生虫的防治，无须制定限量

5.2 蜂产品安全监管体系

5.2.1 安全监管机构

欧盟针对蜂蜜的官方监管机构包括欧盟委员会、欧洲食品安全局以及欧盟成员国的主管部门等。这些机构通过制定和执行法规、进行风险评估和市场监督等措施，共同保障欧盟市场上蜂蜜的安全和质量。

1.核心监管机构

（1）欧盟委员会（European Commission，EC）。欧盟委员会是欧盟的行政机构，负责制定和执行欧盟的法规和政策。在蜂蜜安全方面，欧盟委员会负责制定相关的食品安全法规，并监督其实施情况。

（2）欧洲食品安全局（European Food Safety Authority，EFSA）。欧洲食品安全局是一个独立的科学咨询机构，负责为欧盟委员会、欧洲议会和成员国提供关于食品安全问题的科学建议。欧洲食品安全局会根据科学证据对蜂蜜等食品进行风险评估，以确保其安全性。

2.具体执行机构

（1）欧盟成员国主管部门。欧盟成员国的主管部门（如各国的食品安全局、农业部门等）负责在各自国家内执行欧盟的食品安全法规。这些部门会对蜂蜜的生产、加工和销售等环节进行监管，确保其符合欧盟的食品安全标准。

（2）欧盟食品和饲料快速预警系统（Rapid Alert System for Food and Feed, RASFF）。RASFF是欧盟内部的一个快速警报系统，用于通报食品安全和饲料安全问题。当成员国发现蜂蜜等食品存在安全隐患时，会通过RASFF迅速通报给其他成员国和欧盟委员会，以便及时采取措施。

5.2.2 官方监管要求

2017年欧盟整合了多项与官方监管有关的法规，制定了统一的官方监管法规 Regulation（EU）2017/625《为确保食品饲料法规、动物卫生、动物福利、植物卫生、植物保护产品等法规有效实施采取的官方监管措施和其他管理活动》，官方监管主要包括下列内容。

1. 企业备案和注册

根据欧盟法规要求，对食品生产企业采取备案和注册两种管理模式，实施备案管理的食品生产企业仅需将生产企业信息在主管部门登记即可，实施注册管理的食品生产企业需主管部门批准后才能从事生产加工。目前欧盟规定 Regulation（EC）No.853/2004 法规附件 Ⅲ 中规定了具体要求的动物源性食品生产企业需实施注册管理，植物源性食品除芽菜之外均实施备案管理，欧盟法规中没有规定蜂蜜的特殊卫生要求，因此在欧盟蜂蜜实施备案管理。

由于蜂蜜主要存在掺假掺杂的风险，2021—2022 年欧盟开展了蜂蜜调查，发现 46% 的进口蜂蜜都不符合欧盟 2001/110/EC 指令要求，远远超过 2015 年调查时的 14%。不符合原因主要包括添加糖浆降低售价、添加添加剂和色素误导蜜源植物、标注虚假追溯信息和过滤花粉掩盖真实原产地。因此，欧盟决定加大对进口蜂蜜的管控，除修改蜂蜜兽医卫生证书要求出口国主管部门证明蜂蜜的真实性外，2023 年制定了 Regulation（EU）2023/2652 法规，要求在 2024 年 11 月 29 日后所有的输欧蜂蜜需来自经欧盟注册的生产企业。

2. 监管频率

欧盟要求成员国指定牵头的主管部门，描述国家监管体系、各部门职责与沟通机制，制定并向欧盟委员会提交多年度的监管计划。主管部门在风险分析的基础上在适当的频率下实施官方监管，每次监管应填写书面或电子的监管记录，内容包括监管目的、方法、结论和要求企业整改的内容等。监管行为应在不影响有效性的前提下尽量减少行政成本和对企业经营的影响。根据透明度原则，每年至少公布一次官方监管的有关情况，包括监管类型、监管数量和结果、不合格及处理情况等。同时可以公布对经营者的分类评级情况。

3. 产品溯源管理要求

根据 Regulation（EC）No.178/2002 法规要求，食品、食用动物及食品成分在生产、加工和分销的所有环节都必须具有可追溯性。产品必须被适当标示，便于追溯。欧盟法规要求食品经营者能够分辨其所提供的商品从哪里来，卖到哪里去，并具备相应的系统或程序，该程序在应要求时可为主管当局提供其供货方及货物购买方的相关信息。为了保证产品的可追溯，欧盟指令 Directive 2011/91/EU 规定，所有的食品（除初级农产品、非预包装食品、包装物的最大面积小于 10cm² 的预包装食品）都需要按照一定的规则标注产品批号。

4. 风险监控管理要求

欧盟食品安全审核和分析司（原食品兽医办公室）负责农、兽药和化学污染物残留监控行动。该机构负责制订年度残留监控计划，并与各成员国内相应机构联系，督促其制订本国残留监控计划和协作残留监控计划，公布残留监测结果，并对第三国残留监控情况进行核查验证。欧盟自 1996 年起启动了共同体农药残留监控计划。该计划共分为两个层面：欧盟层面和国家层面。欧盟层面监控计划是一个覆盖主要农兽药和农产品的周期滚动计划。以指令形式制订一个三年的食品监控计划，选取欧盟市场上常见的 30 种食品，监控 200 个左右农兽药项目。根据成员国消费量，通过二项式概率分布统计分析确定各成员国需要采集的最小样品量。国家层面监控计划根据欧盟层面计划的要求和各国的生产消费情况确定需要检测的产品和农药，一般也需覆盖多年。实施一年以上的监控计划必须每年提交监测报告，以提供在本区域和本国对检测结果处理的措施。如果在共同体内检出阳性样品，成员国的主管当局须及时获取所有必要信息，及时调查残留出现的原因，并采取相应的措施。如果从第三国进口的食品检测呈阳性，会将所有使用制品的种类和有关批次通告欧盟委员会，并立即通知所涉及的边检站。

欧盟对进口食品的监控涵盖在整体监控计划中，要求各成员国针对进口食品制订监控计划。对于出口到欧盟的动物源产品及活动物，欧盟要求第三国必须实施与欧盟等效的兽药及特定活性物质监控计划，并经检查核实。

5. 风险预警管理要求

为加强风险信息的评估与交流，欧盟专门建立了 RASFF。RASFF 是一个基于信息传递网络的预警体系，欧盟委员会对 RASFF 的管理负责（具体由欧盟委员会健康与食品安全总司负责协调），欧洲食品安全局也是体系成员之一。在 RASFF 下，各个成员国有义务对所发现的食品和饲料安全信息向 RASFF 通报。网络中的某一成员国如发现任何有关食品、饲料引发人类健康直接或间接风险的信息，应立即在 RASFF 下通知委员会，委员会将信息传达给网络中的各成员国。欧洲食品安全局可补充发布一些科学技术信息通知，以利于成员国采取快速、适当的风险管理活动。同时，对于各成员国所采取的下列措施都应向 RASFF 通报：

（1）为了保护人类健康而采取的任何措施和快速行动，如严格限制市场准入，强制撤出市场，食品或饲料的召回等。

（2）当对人体健康有严重风险，需要采取快速行动时，对经营者的任何建议或与其达成的任何协定，不论自愿的还是强制的。这包括旨在阻止、限制市场准入，对市场准入提出特殊条件，或阻止、限制食品或饲料的最终用途，对其最终用途提出特殊条件。

（3）欧盟境内发生有关食品、饲料引发人类健康直接或间接风险的情况时，边境的管理部门会拒绝入境上述任何一批或一个集装箱的食品、饲料。发表通报信息的成员国，应同时提供其食品安全管理部门为何采取此类措施的详细说明；并在适当时候，后继通报其补充信息，特别是在通报的措施已更改或取消时。委员会应立即将获得的通报信息及补充信息传达给网络的各成员国。

6. 不合格产品召回管理要求

欧盟要求，如果经营者对其进口、生产、加工制造或营销的食品感到或有理由认为不符合安全要求时，应立即着手从市场撤除，并通知有关部门。经营者应准确地通知消费者撤出的原因，在其他办法效果欠佳时，应从消费者处召回有关产品。从事零售、营销活动的经营者应在其相应行为范围内从市场上撤出不符合安全要求的食品，并应通过提供有关追溯信息，配合生产者、加工者、制造者和有关部门的措施为食品安全做贡献。

7. 打击欺诈行为

食品的欺诈行为是指某些经营者在经济利益驱动下，为了获得竞争优势，在损害消费者利益的前提下主观故意违反相关法规的犯罪行为。欧盟认为贸易电子化给食品欺诈行为提供了更多的机会，跨境贸易的发展更需要各成员国共同努力打击食品欺诈。在欧盟马肉风波后，欧洲议会 2013 年发布决议要求欧盟委员会加强对食品欺诈活动的打击力度。

欧盟建立起打击食品欺诈的工作网络，包括欧盟委员会、欧盟各相关执法机构、欧盟相关司法机构等，工作网络确定了欧盟和各成员国指定的联络部。联合研究中心、食品安全局、食品链参考中心等作为技术支持机构提供食品科技知识，协助判定和区分食品欺诈和食品质量问题。建立起行政支持互助电子系统（AAC-FF），便于各相关单位在确保信息安全的前提下开展信息共享、行政处罚和司法处罚等工作。同时该电子系统与包括 RASFF 在内的其他电子系统互联，加强了对进口食品和跨境食品的管理力度。

欧盟建议在欧盟委员会相关部门统一组织下，各成员国开展需不同部门协同参与的统一专项行动，包括信息分析、警察部门的犯罪调查和司法部门的审判等。

2015—2022 年，欧盟开展了两次打击蜂蜜掺假专项行动，并根据调查情况决定对进口蜂蜜实施注册管理。

8. 年审管理

为了各成员国能够统一实施食品安全法律法规，欧盟委员会健康与食品安全总司制订每年的审核工作计划，对成员国食品安全管理体系运行情况开展文件和现场审核，确保各成员国统一实施相关法律法规。同时，为确保进口食品符合欧盟法规要求，欧盟制订年度审核计划，对动物源性食品出口国食品安全管理体系实施现场审核，并根据审核结果采取不同的管理措施，包括禁止向欧盟出口、调整口岸检查频率等。

5.3 蜂产品进出口监管体系

5.3.1 进口要求

欧盟针对进口食品制定了系列法律法规。

1. 进口食品准入管理

欧盟 Regulation（EU）2022/2292 法规制定了需要实施国家准入管理的产品名单（HS 编码）、需要实施企业注册管理的产品名单（HS 编码）、出口国制定和提交残留监控要求、复合食品要求、证书要求等内容。欧盟规定向欧盟出口的动物源性食品必须符合欧盟动物卫生要求和公共卫生要求。为了符合动物卫生要求，欧盟制定了 Regulation（EU）2020/692 法规，规定了动物源性食品应达到的要求，根据上述要求制定 Regulation（EU）2021/404 法规，列出了符合欧盟动物卫生要求，可以向欧盟出口动物及动物源性食品的国家名单，制定 Regulation（EU）2021/405 法规，列出了符合欧盟公共卫生要求，可以向欧盟出口动物源性食品的国家名单。

2. 进口食品生产企业注册管理

在 Regulation（EU）2022/2292 法规中规定了需要实施生产企业注册管理的产品 HS 编码，其中蜂蜜产品生产企业从 2024 年 11 月 29 日开始必须全部实施注册。

3. 针对国家特殊防护要求

欧盟根据监测和审计的结果针对不同的国家制定了特定的防护措施。欧盟制定了 Decision 2002/994/EC 决议，规定了中国向欧盟出口动物源性食品应符合的要求，根据该要求中国输欧蜂蜜应批批检测氯霉素和呋喃类代谢物残留。

4. 进口证书要求

针对进口动物源性食品，欧盟制定了 Regulation（EU）2020/2235 法规，规定了具体产品适用的兽医卫生证书模板。

5. 口岸查检

欧盟制定 Regulation（EU）2021/632 法规，规定了需要实施口岸兽医检查的产品清单，同时制定了 Regulation（EU）2019/2129 法规，规定了不同风险产品的抽检比例。欧盟将进口食品按风险分为五类，所有进口食品需 100% 审核随附资料，根据风险从高到低分别对五类产品实施 100%、30%、15%、5%、1% 的货物抽检。蜂蜜风险等级属于第Ⅲ类，按 15% 的比例抽检。同时欧盟制定 Regulation（EU）2019/1873 法规，规定了检出不合格后的后续处置措施：如果检出不合格，欧盟将强化监测，连续检测 10 批，连续检测的进口食品总重量应至少是问题产品的 10 倍或达到 300 吨；如果在后续检测时连续三批检出相同问题，则欧盟要求进口国实施问题调查，制定和反馈整改方案和整改情况，欧盟则连续检测 30 批验证整改效果。

5.3.2 出口要求

欧盟没有针对出口食品制定特殊的监管要求，根据 Regulation（EC）No.178/2002 法规《欧盟食品安全基本法》和 Regulation（EC）No.852/2004 法规《食品卫生通用要求》，欧盟要求出口食品应符合欧盟要求和进口国要求，如果进口国有规定的，可以仅符合进口国要求。

5.4 中欧对比分析

　　按照从农场到餐桌，从蜜蜂疫病防控、用药管理、生产加工管理、产品标准和标签等方面对比双方的异同。

5.4.1 疫病防控

　　欧盟规定蜜蜂应防控的疫病包括大蜂螨、小蜂螨、蜂房小甲虫、美洲蜂幼虫腐臭病等 4 种蜂病，同时根据疫病特点将疫病分为 A、B、C、D、E 五类（详见本书 5.1.2），并具体规定了各类疫病的防控要求和措施。中国农业农村部将动物疫病分为一、二、三类，其中美洲蜂幼虫腐臭病、欧洲蜂幼虫腐臭病、蜜蜂孢子虫病、蜜蜂螨病、大蜂螨病、蜜蜂白垩病等六种蜂病归为二类动物疫病。在动物防疫法中也具体规定了针对不同类别动物疫病的管理措施。与欧盟措施要求一致，基本等效。

5.4.2 用药管理和残留监控

　　根据 Regulation（EU）No.37/2010 法规，欧盟规定了蜜蜂可以使用的 2 种不需要制定限量的药物，如啤酒花提取液；2 种需要制定限量的药物，包括双甲脒（Amitraz）:200 μg/kg、蝇毒磷（Coumafos）:100 μg/kg；另外也规定了所有动物均不可使用的 9 种禁用兽药，包括马兜铃属植物（*Aristolochia* spp.）及其制剂、氯霉素（Chloramphenicol）、氯丙嗪（Chlorpromazine）、秋水仙碱（Colchicine）、氨苯砜（Dapsone）、地美硝唑（Dimetridazole）、甲硝唑（Metronidazole）、硝基呋喃（Nitrofuran）和洛硝哒唑（Ronidazole）。Regulation（EU）2022/1644 法规规定了在兽药残留监控时蜂蜜应监测兽药的选择要求。Regulation（EU）2022/931 法规规定了在污染物监控时蜂蜜应监测的污染物选择要求。虽然在 Regulation（EC）No.369/2005 法规中规定了蜂蜜中 670 种农药残留限量，但是针对残留监控计划欧盟仅有原则性规定，没有规定具体的选择要求。

　　中国原农业部 193 号公告规定了禁用药名单，名单基本包括了欧盟规定的禁用药物，同时比欧盟的规定更广泛。在原农业部 235 号公告中规定了蜂蜜可以使用的兽药包括双甲脒（200 µg/kg）、蝇毒磷（100 µg/kg）、氟胺氰菊酯（50 µg/kg）和氟氯苯氰菊酯（不需要制定限量）。

污染物要求。中国规定了蜂蜜中环境污染物铅的最高限量为 0.5mg/kg，而欧盟规定蜂蜜中环境污染物铅的最高限量为 0.1mg/kg。

微生物要求。欧盟微生物法规 2073/2005/EC 没有规定蜂蜜应符合的微生物要求，而中国蜂蜜食品安全国家标准中规定了蜂蜜必须符合的微生物要求，包括菌落总数、致病菌和嗜渗酵母菌等的要求。

5.4.3 生产加工管理

根据从农场到餐桌的管理理念，欧盟根据 Regulation（EC）No.852/2004 附件 I 要求对养蜂场按照初级生产的管理要求实施备案管理。欧盟对于蜂蜜生产企业采取备案管理模式，但是对于进口蜂蜜的生产企业采取注册的管理模式。主管部门根据风险分析的结果，确定对企业的监管频率。监管的内容除食品生产企业卫生要求外，同时要求蜂蜜在生产加工过程中加热的温度不得影响蜂蜜中天然酶的活性。

中国对于蜂蜜生产企业的管理模式同样采取了备案制度，不但对养蜂场采取备案管理，对加工厂也采取备案管理，主管部门根据风险分析确定监管频率，监管内容主要是食品生产企业卫生要求。

5.4.4 产品标准和标签

对于蜂蜜欧盟制定了 2001/110/EC 法规，中国制定了 GB 14963 食品安全国家标准，双方标准的关注点各有侧重。

中欧对于蜂蜜的分类基本相同，在法规中，欧盟根据蜜源分为花蜜蜂蜜和蜜露蜂蜜；根据生产方式分为分离蜜、巢蜜和巢蜜蜂蜜混合蜜。分离蜜根据工艺不同又分为离心采蜜（摇蜜）、自然流蜜（从蜂巢中自然排出蜂蜜）和压榨蜜（压榨蜂巢挤出蜂蜜）等。虽然欧盟明确规定不能过滤花粉，但是在需要过滤其他有机物质或无机物质时可采取过滤的方式，同时在标签中注明相关信息。

在蜂蜜的成分要求中，中欧标准规定虽然不尽相同，但均规定了蜂蜜中果糖、葡萄糖和蔗糖的含量。

中国食品安全国家标准中规定了不能采集的有毒蜜源植物，包括雷公藤、博落回和狼毒等，欧盟法规中规定了蜂蜜中水分、水溶性物质、导电率、游离酸、淀粉酶活性和羟甲基糠醛等限量要求。

标签强制要求的内容除生产日期和保质期外，其他部分基本相同。欧盟要求蜂农根据要求自行确定蜂蜜的保质期，并在标签上注明。除保质期外，中国标签法要求标注生产日期。

第六章

Chapter 6

澳大利亚蜂产品技术性贸易措施与对比研究

在澳大利亚，蜂产品的监管机构体系完善，由联邦政府及州和地区政府共同承担监管责任。其中，澳大利亚农业、渔业和林业部，澳大利亚食品标准局及各州和地区政府设立的监管机构在保障蜂产品质量和安全方面发挥着各自的作用。

6.1 蜂产品安全法律法规标准体系

在澳大利亚，蜂产品的生产和销售受到严格的法律法规监管，以确保产品的质量和安全。

6.1.1 蜂产品法律体系

澳大利亚的法律可分为两个体系：联邦法律和州法律。联邦法律是在首都堪培拉由联邦会议通过议案产生，行政法也是通过这个程序来制定的。澳大利亚宪法明确，外交、贸易、国防和移民为联邦政府的职能，州和地区政府则负责联邦政府职责范围以外的事宜。每个州的议会制定涉及本州事务的各项法律与联邦法律相对应，只在本州有效。联邦与进出口蜂产品管理相关的法律主要包括《出口管制法案》（1982 年颁布）及其配套相关条例、《治疗用品法案》（1989 年颁布）、《进口食品监管法》（1992 年颁布）、《农业和兽医用化学物描述（管理）条例》（1994 年颁布）、《农业及兽医化学法》（1994 年颁布）、《环境及生物多样性保护法》（1999 年颁布）、《生物安全法》（2015 年颁布）、《澳大利亚和新西兰食品标准法典》和《澳大利亚消费者法》。

根据《澳大利亚和新西兰食品标准法典》（以下简称《澳新食品标准法典》）2.8.2 中规定，蜂蜜是蜜蜂采集花朵的蜜汁或植物的有生部分的分泌物，经蜜蜂使用特殊物质加工、酿制、混合并储存于蜂巢中的一种甜蜜物质。标准规定，蜂蜜必须包含不少于 60% 的还原糖和不超过 21% 的水分。在这个标准中，蜂蜜也是一个"规定的名称"，意味着"蜜"这个词必须包含在经包装销售商品的标签中，并且这个产品只能包含蜜这一种原料。

6.1.2 蜂产品标准

澳大利亚认为蜂蜜不是一种支持大多数微生物生长的中介，其主要的风险是在收集、加工和储存过程中环境对蜂蜜造成的污染，通过在蜂蜜供应的整个过程中实施良好的生产实践和保持良好的卫生习惯可以有效地对蜂蜜等产品的食品安全实现控制。

《澳新食品标准法典》是澳大利亚食品法规的重要组成部分，其中详细规定了蜂产品的生产、加工、销售和标签要求。该法典强调了蜂产品的安全性，要求生产者遵循严格的卫生标准，确保产品不含有有害微生物和污染物。同时，法典还规定了蜂产品的加工方法，以确保产品的营养成分和品质得以保留。法典还规定了蜂产品的标签要求，包括产品名称、产地、生产日期、保质期等信息，以便消费者在购买时能够清晰了解产品的相关信息。

《澳新食品标准法典》第 3 章适用于所有在澳大利亚生产、加工或包装的食品，包括蜂产品。这些标准对食品企业提出了具体的要求，包括食品处理过程中每一步的过程控制要求，接收、存储、加工、陈列、包装、分发和处理召回，食品加工和管理人员的技能和知识，食品加工者的健康与卫生等。例如，蜂蜜生产者、销售商都必须遵守食品安全加工法和一般要求（《澳新食品标准法典》3.2.2）以及法典中对生产食品的前提和设备的要求（《澳新食品标准法典》3.2.3）。蜂王浆也被认为是低风险的商品，需要遵守和蜂蜜相同的控制措施以防止微生物生长。

6.1.3 其他相关法规

1.《澳大利亚新食品法规》

该法规对蜂产品的进口、流通和监管进行了明确规定。该法规要求进口商在进口蜂产品前必须向相关部门申报，并提供相应的证明文件，以确保产品来源合法、安全无害。同时，该法规还规定了蜂产品的储存和运输条件，以确保产品在运输过程中不会受到污染或变质。该法规还加强了对市场上蜂产品的监管力度，对违法行为进行了严厉的打击。

2.《澳大利亚消费者保护法》

该法旨在保护消费者的权益，规定蜂产品必须符合安全标准、标签要求，并禁止虚假宣传和销售假冒伪劣产品。该法要求商家在销售蜂产品时必须提供真实、准确的信息，不得夸大产品的功效或隐瞒产品的缺陷。同时，该法还规定了消费者的权益，如退货、换货、赔偿等，为消费者提供了有力的保障。

6.1.4 蜂产品残留标准

1. 立法要求

澳大利亚《农用和兽用化学品（管理）法 1992》将澳大利亚农药和兽药管理局（APVMA）确立为一个独立的法定机构，负责监管和控制农用和兽用化学品直至零售阶段，以及控制农用和兽用化学品进出口的规定。

2. 残留监控

澳大利亚农药和兽药管理局推动实施的管理农药和兽药的监管框架（NRS）主要监测包括蜂产品在内的澳大利亚食品中的农药、兽药残留和污染物水平及其相关风险，以有助于促进和鼓励不断发展澳大利亚境内及出口市场准入。

NRS 监测的目的是利用抽样系统和统计概率估计产品中化学物质残留情况，确认产品中残留物低于法律规定的最高限值（MLs），如果超出限值，向政府部门和行业预警，以便采取纠正措施。当检测结果高于最高限量或最大残留限量（MRLs）时，因 NRS 与每个州和地区政府都签有协议，在 NRS 要求下，州和地区权威机构将开展对蜂蜜等蜂产品追溯调查。州和地区将通过对农用或兽用化学品的可能被误用情况的调查，并按照国家立法和合法的政策采取监管行动。涉及进口的，出口国家和地区将向澳大利亚政府要求提供所有追溯调查的摘要报告。

3. 残留限量

澳大利亚蜂蜜中药物残留限量适用于《澳新食品标准法典》1.4.2 中规定的最大残留限量标准，具体包括氟胺氰菊酯、氟虫腈、氟氯苯氰菊酯、磷化物、双甲脒、土霉素等限量指标，并以联邦公告的形式做优化调整。

2022 年 7 月 18 日，澳大利亚将蜂蜜中双甲脒的最大残留限量制定为 0.2mg/kg。2024 年 11 月 8 日，澳大利亚修订在蜂蜜中氟氯苯氰菊酯的最大残留限量为 0.003mg/kg。

6.2 蜂产品安全监管体系

澳大利亚蜂产品行业在全球范围内享有高度声誉，这得益于其严格的监管流程和高效的监管机制。该国的蜂产品监管体系涵盖了从养蜂到餐桌的每一个环节，确保每一瓶蜂产品的品质和安全。

6.2.1 监管流程

澳大利亚监管机构会制订详细的监管计划，明确每个环节的目标和要求。生产过程中，监管机构会对养蜂户进行定期检查，确保其按照相关法律法规和标准进行养殖。同时，对于蜂产品的加工、包装和储存等环节，监管机构也会进行严格的监控，确保产品的质量和安全。澳大利亚还建立了产品检验和认证制度，对出口和进口的蜂产品进行全面的检验和认证，确保产品符合国际标准和要求。

6.2.2 监管机制

澳大利亚政府制定了一系列法律法规和标准，为蜂产品行业的健康发展提供了坚实的法律保障。同时，监管机构还加强与行业协会、企业和消费者的合作，共同推动行业的自律和发展。对于违规行为，监管机构会依法进行处罚，并公开通报，以维护行业的良好形象和消费者的权益。

6.2.3 监管部门

澳大利亚也十分注重监管资源配置。监管机构会根据蜂产品行业的实际情况和风险程度，合理配置监管资源，确保监管工作的高效和有效。同时，监管机构还会不断加强自身建设和培训，提高监管人员的专业素养和执法能力。澳大利亚的蜂产品监管流程和机制体现了其对食品安全的重视和对行业的严格管理。这些措施为澳大利亚蜂产品行业的健康发展和出口提供了有力的保障。

1. 农业、渔业和林业部

澳大利亚农业、渔业和林业部（DAFF）负责政策和计划的制定与实施，以确保澳大利亚的农业、渔业、食品和林业产业具有竞争力和盈利性，并能可持续发展。同时也负责支持河流及水资源的可持续及生产管理使用。1982 年颁布的《出口管制法》和相关条例赋予该部门进行出口检测及资格认定的权力。根据 2015 年颁布的《生物安全法》的有关规定，该部门负责澳大利亚境内生物安全，将外来病虫害进入该国的风险最小化。

澳大利亚农业、渔业和林业部在澳大利亚首都辖区设有中心机构，并在所有州和地区设有区域办事处。该部门拥有海内外约 4200 名员工，其中包含政策制定人员、项目管理人员、科学家、经济学家、会计师、通信技术人员、肉类检查员、兽医人员、生物安全检查员及调查人员。约 60% 的工作人员在堪培拉的中央办公厅外工作，诸如办公室、机场、邮件中心、航运港口、实验室和屠宰场。该部门还拥有来自美国、欧洲、中东和亚洲的官员，他们代表澳大利亚在国外的利益。该部门是国家最大的以兽医为单一雇主的机构，在有紧急动物疾病暴发（EAD）的情况下，它为国家和地区政府提供了重要的储备资源。澳大利亚政府有关动物健康活动通过该部门实施，如建议并协调国家级动物健康政策。同时该部门还负责国际动物健康问题，包括生物安全、出口认证、贸易和向世界动物卫生组织（OIE）发送疾病报告。

为了确保联邦政府与州和地区政府之间的协调，部门设立管理咨询委员会，以确保各级政府和行业共同合作服务于澳大利亚国家利益。委员会包括应对紧急动物疾病咨询委员会（CCEAD）、突发植物病虫害咨询委员会（CCEPP）、国家生物安全委员会、动物健康委员会（AHC）、植物健康委员会（PHC）、澳大利亚植物健康学会（PHA）和澳大利亚动物健康学会（AHA）小组委员会和工作组。

2.澳大利亚农药和兽药管理局

澳大利亚农药和兽药管理局是澳大利亚政府机构，它负责农用和兽用化学品的注册评估，监管范围包括零售销售点。除此之外，各州和地区政府也负责监控化学药品的使用。该局是一个独立的法定机构。

澳大利亚农药和兽药管理局的主要职责见《农业和兽医用化学物描述（管理）条例》（1994年颁布）和《农业及兽医化学法》（1994年颁布）。岗位职责包括化学品的注册，生产兽医化学产品的许可证颁发，采取化学角度进行回顾性科学评估以决定是否需要进行法规改革，确保化学或兽药使用安全。

3.澳新食品标准局

澳新食品标准局（FSANZ）是一家负责制定澳大利亚和新西兰食品标准的政府机构，总部设在堪培拉。所有出口到澳大利亚的食品必须符合《澳新食品标准法典》。《澳新食品标准法典》涵盖了食品添加剂、食品安全、标签和转基因（GM）食品。依据 2008 年食品监管协议，澳大利亚每个州和地区政府根据州食品法执行这些食品标准。

4. 澳大利亚药品管理局

澳大利亚药品管理局（Therapeutic Goods Administration，TGA），隶属于澳大利亚政府，是澳大利亚医疗用品（包括药物、医疗器械、基因科技和血液制品）的监管机构。在澳大利亚，蜂蜜、蜂王浆、蜂花粉和蜂胶可根据预期的最终用途分为人类的食物和辅助药物。用于治疗的蜜蜂产品由 TGA 进行管理。TGA 执行 1989 年颁布的《医疗用品法案》，该法案提供了澳大利亚国家规范治疗用品的框架。兽药、食物、医疗保健专业人员（包括兽医）不属于 TGA 管辖范围。澳大利亚有一个两层次的以风险防范为基础的监管所有医药品的方法：高风险药品注册，而风险较低的药物治疗用品在登记册（ARTG）上登记备案。包括很多来自蜜蜂的产品，在澳大利亚治疗用品登记册上有记录。原料蜂蜜、蜂胶、蜂王浆都被包含在允许配料列表内，它提供了允许上市药品的统一的、公开的所有成分及相关要求。申请将产品列入 ARTG，赞助商必须向 TGA 提供相关数据支持。根据 1989 年颁布的《医疗用品法案》19B（4）部分的规定，在澳大利亚，除非产品已上市或在 ARTG 登记，或豁免注册或上市，或根据该法案获得批准或授权（例如 18A 部分、19 部分或 19A 部分下），否则，从事进出口、生产或销售作为人类使用的治疗物品是违法的。需要注意的是，专供出口而不在澳大利亚上架销售的辅助性药物，必须列入 ARTG，但可以不在 TGA 注册。对于未注册的不在澳大利亚上架销售的辅助性药物，不能在澳大利亚（包括免税店内）进行销售。

5. 地方监管部门

澳大利亚有六个州和两个地区，各州和地区有自己的政府部门负责农业和动物的健康，以及自己的 CVO（首席兽医官）。各州和地区有关食品安全监管部门及联系信息见表 6-1。

表 6-1　澳大利亚各州和地区食品安全监管部门信息

州 / 地区	部门
首都领地	ACT Health
新南威尔士州	NSW Food Authority
北方领地地区	NT Department of Health
昆士兰州	Queensland Department of Health; Department of Infrastructure, Local Government and Planning; Safe Food Production Queensland
南澳大利亚州	Department of Health; Department of Primary Industries and Resources; Local Government Association of South Australia
塔斯马尼亚州	Local Government Association Tasmania
维多利亚州	Department of Health and Human Services；Prime Safe Victoria；Dairy Food Safety Victoria
西澳大利亚州	Department Health– Food Unit；Department of Local Government and Communities

6.3 蜂产品进出口监管体系

当蜂产品作为人类食用的产品出口或进口时，澳大利亚农业、渔业和林业部是其主管部门。

6.3.1 蜂产品进口

在进入澳大利亚蜂产品市场之前，企业需要充分了解其市场准入政策和要求，以及可能面临的风险。市场准入风险是企业进入新市场时必须面对的挑战之一，而在澳大利亚，蜂产品的市场准入标准尤为严格。

1.进口蜂产品监管

澳大利亚对于进口蜂产品的监管力度较大，相关法规和标准要求较高。企业需要确保其产品符合澳大利亚的进口要求，包括产品质量、安全、标签、包装等方面的要求。企业还需要了解澳大利亚的食品安全监管体系和检验检疫制度，以及相关的认证和注册要求。这些都需要企业投入大量的时间和精力进行了解和准备，以确保产品能够顺利进入该市场。如果产品不符合相关法规和标准要求，可能会面临被禁止进入市场的风险。这将导致企业投入的资金和时间无法回收，给企业带来严重的经济损失。

除了市场准入风险外，市场退出风险也是企业需要关注的重要方面。在澳大利亚市场，如果蜂产品出现质量问题或不符合相关法规标准要求，可能会面临被强制退出市场的风险。这将对企业的品牌形象和市场信誉造成严重影响，甚至可能导致企业破产。因此，企业需要加强产品质量管理，确保产品符合相关法规和标准要求，以及消费者的需求和期望。

2. 进口蜂产品条件

2024 年 6 月 20 日，据澳大利亚农业、渔业和林业部网站消息，澳大利亚变更了蜂蜜、蜂巢、蜂胶、蜂王浆进入澳大利亚的进口条件，主要内容包括：

（1）部分蜂产品如单独包装单位不超过 150mL 的蜂蜜（无论是否含蜂巢）或单独包装单位不超过 35g 的粉状蜂蜜，不受进口条件限制，按特定途径清关，如单独包装的特定规格的蜂蜜、蜂胶、蜂王浆及作为非主成分的人类食用或化妆品用蜂蜜。

（2）满足以下条件的货物在抵达前不需要农业、渔业和林业部进口许可证：来自无欧洲蜂幼虫腐臭病地区，或经特定加工消灭蜂房蜜蜂球菌，或通过相关测试不含蜂房蜜蜂球菌。还需在健康证明和制造商声明上提供相应内容。

（3）抵达后，无有效制造商声明货物将受检。货物及衍生物禁止用于动物食用、水产养殖等多种用途。

（4）每批货物要提供用于识别货物、所进口货物以及描述货物等的相关文件，并可能支付产生的相应费用。还需要评估进口商要遵守相关法规等其他问题，此外，部分蜂产品进口需随附特定的证书。

6.3.2 蜂产品出口

澳大利亚根据 1982 年颁布的《出口管制法》，要求蜂产品必须符合进口国的要求才有资格出口。农业、渔业和林业部负责出具这些产品符合进口国要求的证明。该部要求出口商在要求政府证明之前出示其产品生产完全符合进口国的所有要求。蜂蜜和包括蜂王浆在内的其他蜂产品在澳大利亚被认为是非指定的产品，所以农业、渔业和林业部并不会对其出口采取常态化的控制监管措施。然而，2005 年颁布的《出口管制（一般指定产品）条例》允许农业、渔业和林业部对非指定产品进行认证，并根据进口国要求的情况将其列入清单。当进口国市场要求出口认证需增加动物健康或食品安全问题的证书时，农业、渔业和林业部会采信行业标准（如 B-QUAL）或食品国际标准如（ISO 22000）。

对蜂蜜生产者和加工者的监督是州和地区政府部门的主要职责。在澳大利亚，根据蜂蜜和蜂王浆的特性，将其评定为食品安全低风险的产品。除了国家残留监控（NRS）规定的残留物检测和澳大利亚新西兰食品法规部长级论坛（ANZFRMF）规定的活动之外，澳大利亚政府不直接监管由州和地区进行的活动。同时，按照国家食品安全审核制度，州和地区必须有一个严格的审批和审查程序来验证食品安全审核员的能力，确保他们的活动符合国家要求。在澳大利亚，国家食品安全审核政策设置食品安全国家管理和食品安全审核员的强制性要求，确保各级政府实施有效的食品监管控制。

为了协助蜂蜜生产商和加工商满足规范要求，由澳大利亚蜜蜂产业协会成立 B-QUAL 认证。B-QUAL 是一个自愿加入的食品安全质量保证工程，促进蜂蜜、蜂王浆、蜂花粉的生产和包装企业符合相关标准。

6.4 中澳对比分析

中澳两国在蜂蜜法规的制定、官方监管等方面均体现了对食品安全的高度重视，但在具体指标和执行力度上存在差异。

6.4.1 法律法规

在蜂产品的法律法规方面，澳大利亚与中国之间存在着显著的差异。这些差异主要体现在法律法规体系、安全生产规范等方面。

法律法规体系方面，澳大利亚的蜂蜜法律法规体系相对完善。该国针对蜂产品产业制定了全面的法律条文，包括生产、加工、流通等各个环节的明确规定。这些法律条文为蜂产品的健康发展提供了有力的法律保障。相比之下，中国的蜂产品法律法规体系尚在不断完善中。

安全生产规范方面，澳大利亚对蜂产品生产的安全规范要求较高。该国要求生产商在蜜源管理、蜂产品加工、质量控制等方面严格遵守相关标准。同时，澳大利亚还建立了完善的监管机制，对生产商进行定期检查和监督，确保蜂产品的安全性。中国虽然也有相关的安全生产规范，但执行力度不够严格。

6.4.2 官方监管

中国蜂产品官方监管机构明确了各级职责，从国家到地方层面，形成了全面的监管体系。这反映了中国对蜂产品安全的高度重视，确保了从生产到消费各个环节的质量与安全。相比之下，澳大利亚也有严格的食品安全法规，但其监管体系可能更多依赖于行业协会与企业的自律。中澳两国在蜂产品法律法规与官方监管上各有特点，均致力于保障消费者的食品安全，其主要差异体现在监管力度、追溯体系建设和应急处置能力三个方面。

1. 监管力度

澳大利亚在蜂产品安全监管方面展现出了相当高的严格性和规范性。该国不仅设有专门的食品安全监管机构，还建立了全面的食品安全法规体系。在蜂产品监管方面，澳大利亚遵循国际食品安全标准，对蜂产品的生产、加工、销售等各个环节进行严格的监管。具体来说，澳大利亚政府对蜂产品生产商进行注册管理，要求生产商必须符合严格的卫生标准和生产规范。澳大利亚还定期对蜂产品进行抽查和检测，以确保其质量和安全。

在监管力度方面，澳大利亚政府采取了一系列措施来确保监管的有效性。政府设立了专门的监管机构，负责监督蜂产品的生产和销售。这些监管机构拥有广泛的权力和资源，可以对蜂产品进行随时随地的抽查和检测。

澳大利亚政府建立了完善的食品安全信息通报和追溯机制，一旦发现蜂产品存在质量问题，可以迅速追溯到生产源头，并采取相应的处理措施。澳大利亚政府还注重与国际食品安全机构的合作，及时了解和掌握国际食品安全动态，以便更好地应对潜在的食品安全风险。

2. 追溯体系建设

在追溯体系建设方面，澳大利亚的做法值得借鉴。澳大利亚的蜂产品追溯体系相对完善，可以实现对蜂产品生产、加工、销售等各个环节的全程追溯。这得益于澳大利亚政府的高度重视和大力推进。澳大利亚政府要求所有的蜂产品生产商必须建立完整的生产和销售记录，包括蜂产品的来源、生产日期、生产批次、销售去向等信息。这些信息可以通过电子系统或纸质文档进行记录和保存，以便在需要时进行追溯。

澳大利亚的蜂产品追溯体系不仅提高了蜂产品的质量和安全性，还促进了蜂产品的国际贸易。许多国家和地区对澳大利亚的蜂产品表示信任，愿意进口澳大利亚的蜂产品。这得益于澳大利亚的蜂产品追溯体系可以提供完整的产品信息和生产过程记录，证明蜂产品的质量和安全性。

相比之下，中国的蜂产品追溯体系尚在建设中。

3. 应急处置能力

在应急处置能力方面，澳大利亚政府表现出了较高的水平。当发生蜂产品安全事件时，澳大利亚政府能够迅速启动应急预案，采取应对措施，降低损失。

澳大利亚政府还注重与企业和消费者的沟通。当发生食品安全事件时，政府会及时与企业进行沟通，了解情况，并采取措施保障消费者的权益。澳大利亚政府还建立了食品安全应急响应机制，可以迅速应对各种食品安全事件。

澳大利亚在蜂产品安全监管方面表现出较高的水平，其监管力度、追溯体系建设和应急处置能力都值得我们借鉴和学习。同时，中澳两国应加强在食品安全领域的合作，共同应对食品安全挑战。

6.4.3 标准限量

澳大利亚对蜂产品的定义、标签要求、污染物和微生物限量等方面都有明确的规定。澳大利亚蜂产品必须符合这些标准才能在市场上销售。此外，澳大利亚蜂产品行业还受到澳大利亚蜂产品协会等行业组织的自我监管，这些组织制定了更为严格的标准和认证程序，以保证蜂产品的质量和来源的可追溯性。

根据中国的食品安全法规，蜂蜜中的药物残留限量必须符合国家相关规定。如果药物残留超过限量标准，蜂蜜将被视为不合格产品，不得上市销售。中国对蜂蜜中的抗生素、镇静剂、激素等药物残留都有明确的限量规定。澳大利亚的蜂蜜生产主要依赖于自然环境，因此在药物使用方面相对较为谨慎。表6-2是对澳大利亚和中国蜂蜜中药物残留限量标准的对比。

表 6-2 澳大利亚和中国蜂蜜中药物残留限量标准

药物名称		中国（mg/kg）	澳大利亚（mg/kg）
双甲脒	Amitraz	0.2	0.2
氟胺氰菊酯	Fluvalinate	0.05	0.01（临时最大残留限量）
氟氯苯氰菊酯	Flumethrin	允许用于食品动物，但不需要制定残留限量的兽药	0.003（临时最大残留限量）
洛美沙星	Lomefloxacin	0.005	—
诺氟沙星	Norfloxacin	0.005	—
氧氟沙星	Ofloxacin	0.005	—
培氟沙星	Pefloxacin	0.005	—
氟虫腈	Fipronil	—	0.01
草甘膦	Glyphosate	—	0.2
土霉素	Oxytetracycline	—	0.3
膦	Phosphine（All phosphides, expressed as hydrogen phosphide [phosphine]）	—	0.01（以检测限作为 MRL）

　　综上，中澳两国在蜂蜜中药物残留限量方面的主要差异在于限量指标的数量和严格程度。此外，两国在制定限量指标时考虑的因素也有所不同。澳大利亚更加注重借鉴国际上的先进经验和科学数据，而中国则更多地考虑了国内的生产情况和市场需求。

第七章

Chapter 7

新西兰蜂产品技术性贸易措施与对比研究

新西兰蜂产品产业规模逐年扩大，蜜蜂饲养量稳步增长。这一增长趋势得益于新西兰得天独厚的自然条件，包括适宜的气候、丰富的蜜源植物及广阔的养殖空间。这些条件为蜜蜂的繁殖和采蜜提供了良好的环境，使得新西兰的蜂蜜产量和品质均位居世界前列，不仅在国内市场上占有重要地位，还远销海外，享有较高的国际声誉。同时，蜂产品市场需求的不断增长也为产业规模的扩大提供了动力，新西兰通过本国严格的法规标准和有效的监管体系，确保了新西兰蜂产品的质量和安全。

7.1 蜂产品安全法律法规标准体系

新西兰作为一个以农业为主导的国家，对于蜂产品的质量和安全尤为重视。其蜂产品质量安全法规体系在世界上处于领先地位，为蜂产业的健康发展提供了坚实的保障。新西兰政府通过制定严格的法律法规，确保蜂产品的质量安全。这些法律法规不仅涵盖了蜂产品的生产、加工、包装、储存和运输等各个环节，还对蜂农的养殖行为提出了明确的要求。

7.1.1 蜂产品质量安全法规

新西兰的蜂产品质量安全法规主要包括《食品安全法》和《动物健康法》等。这些法律法规对蜂产品的生产、加工、流通等各个环节都进行了严格的规定。其中，《食品安全法》规定了蜂产品从生产到销售的全过程要求，包括原料采集、加工、储存、运输等各个环节的卫生和质量标准。而《动物健康法》则主要关注蜜蜂的健康和疾病防控，以确保蜂产品的安全和纯净。

1.《澳新食品标准法典》

新西兰规定，所有蜂蜜和蜂产品必须符合食品法规标准的相关要求。新西兰执行《澳新食品标准法典》，该法典 1.6.1 部分规定了食品的微生物和加工要求。《澳新食品标准法典》曾考虑过蜂蜜食品安全的相关风险，但最终没有设置任何特定的微生物标准。

澳新食品标准局和新西兰初级产业部紧密合作，对蜂蜜中羟基马桑毒素水平进行了评估，并在《澳新食品标准法典》设置了固定的最高限量。2015 年 1 月 15 日《澳新食品标准法典》新标准规定，在所有的蜂蜜中，羟基马桑毒素最高含量为 0.7mg/kg，包括巢蜜。该标准在新西兰已于 2015 年 3 月 12 日生效。

2. 本地蜂蜜标准的修订

2024 年 7 月 18 日，澳新食品标准局发布公报，修订了《澳新食品标准法典》中关于本土蜂蜜的标准，自发布之日起实施。主要内容包括：

（1）本土蜂蜜是指本土无刺蜜蜂从植物花朵中采集花蜜后产生的天然甜味物质。还原糖含量不低于 50%，水分含量不超过 28%，海藻酮糖（Trehalulose）含量不低于 2%。

（2）标签。产品名称必须真实反映产品属性，如"本土蜂蜜""本土无刺蜂蜂蜜"。

7.1.2 蜂病检疫与毒素监测法规

新西兰蜜蜂主要流行的疫病是美洲蜂幼虫腐臭病和大蜂螨（瓦螨）病，因此新西兰初级产业部对国内养蜂业的疫病防控重点主要就是以上两种疫病。新西兰初级产业部对国内蜜蜂疫病的防控主要依赖于经培训的养蜂者或其他具有资质的人员，由新西兰国家实验室（简称"AQ"）进行监督。此外，根据新西兰特有的羟基马桑毒素风险，新西兰初级产业部制定了专门的管理规定。

1. 蜂病检疫

新西兰以《生物安全法（1993）》（Biosecurity Act 1993）为基础的一系列法规文件对包括养蜂者注册、蜂场注册、蜂病管理、养蜂者培训、蜂药使用等做出了规定：

（1）养蜂过程药物的使用规定。

（2）养蜂场设置的条件和申报要求。

（3）养蜂场注册，蜂群和养蜂者的标示（编号）规则。

（4）蜂病监测：

①美洲蜂幼虫腐臭病的控制。新西兰制定了《美洲蜂幼虫腐臭病管理计划》，规定销毁与美洲蜂幼虫腐臭病相关的蜂群和养蜂材料，禁止使用与美洲蜂幼虫腐臭病相关的养蜂材料。

②大蜂螨（瓦螨）病的控制。新西兰初级产业部网站上公布了已获得注册兽药名录，列出了杀螨剂的名称、生产企业、注册编号等信息。蜂农按照产品标签上的指示使用，并要求保证在蜂产品中的残留量不超过最高残留限量。杀螨药物残留检测在残留物质监测计划中实施，由新西兰初级产业部验证机构或新西兰国家实验室执行。

（5）年度蜜蜂疾病报告的要求。

（6）对具有诊断美洲蜂幼虫腐臭病资质的人员上岗前培训的规定。

（7）管理机构的管理要求，对美洲蜂幼虫腐臭病进行检测和出具证书的要求。

（8）对违法行为进行追究的规定。

2. 毒素监管

新西兰《蜂蜜中的羟基马桑毒素标准》（Food Standard Tutin in Honey）规定羟基马桑毒素的控制措施包括：

（1）经检测，蜂蜜中羟基马桑毒素含量低于 0.7mg/kg；

（2）保证蜂蜜在 1 月 1 日前采收；

（3）在低于南纬 42°区域内采集蜂蜜；

（4）检查蜂场周围蜜蜂可能的采蜜区域，保证羟基马桑毒素植物的数量处于较低风险；

（5）从羟基马桑毒素低风险区域（连续 3 年以上对同一区域内经加工蜂蜜检测羟基马桑毒素含量低于 0.35mg/kg，或未经加工蜂蜜中羟基马桑毒素含量低于 0.01mg/kg）采集蜂蜜。

7.1.3 蜂产品加工规定

在新西兰，任何企业或个人想要从事蜂产品的生产和销售，都必须先获得相关部门的许可。这一制度的实施，有效地保证了生产企业的合规性和产品品质，避免了不合规产品流入市场。此外，新西兰还建立了完善的蜂产品质量安全监测与追溯系统。该系统涵盖了蜂产品的生产、加工、流通等各个环节，实现了对产品的全程监控。一旦发现问题产品，能够迅速追溯其来源，并采取相应的措施进行处理，从而确保了消费者的健康和安全。

1. 风险管理计划（Risk Management Programmes, RMP）

RMP 的目的是确定、管理、消除和降低动物源性食品生产加工过程中的危害和其他风险。新西兰初级产业部制定了 RMP 手册和 HACCP 标准等蜂产品企业 RMP 指南，同时建立蜂产品的风险管理操作规程（Code of Practice）、RMP 模板（RMP template）及相关表格，注册企业依据

RMP 的规定向新西兰初级产业部申请注册。RMP 是新西兰初级产业部保证新西兰蜂产品质量安全和可追溯性的基础体系，RMP 的要求涉及的法规文件较多，覆盖从原料进入企业仓库，直至产品加工、储存、运输、出口的所有环节。

企业的 RMP 是从巢脾在摇蜜间被切割开始的，不包括养蜂和蜂巢运输至摇蜜间的过程。具体要求由一系列标准、公告等法律文件构成。目前，新西兰经注册的 RMP 蜂产品企业共 366 家，包括摇蜜、加工、包装、储存蜂产品企业，约占新西兰蜂产品企业的 90%。RMP 应包括范围、职权与责任、产品描述、是否按照预期用途使用、生产过程描述、风险因子的识别与控制、验证的规定、生产商的特别需求、记录方面的规定等。新西兰初级产业部的验证机构（MPI Verification Services）和新西兰国家实验室经新西兰初级产业部授权，负责对注册蜂产品企业的 RMP 运行情况进行验证。新西兰初级产业部对 RMP 企业设置了初始和最低验证频次的规定，验证频次根据验证的结果进行动态调整，根据最新的法规要求，最低验证频次为 6 个月。蜂产品 RMP 企业被分为 7 个等级（Step 0~Step 6），在验证中不合格的企业将会被降级，从而提高验证频次。

（1）采收证明（Statement for the Harvest of Honey）

《动物产品（出口蜂产品采收证明和羟基马桑毒素的要求）的公告 2010》规定：养蜂者提供蜂蜜原料供应 RMP 企业作为出口用途的，必须提供采收证明，同时自己保留同样的记录。采收证明中的养蜂者和蜂场地址应使用 RMP 注册的名称。

采收证明是新西兰出口蜂产品向上追溯到养蜂环节的重要追溯手段，也是蜂产品原料进入 RMP 企业的重要凭证。

（2）加工过程

《新西兰蜂产品加工 RMP 法典》（Bee Products- Code of Practice）对蜂产品生产加工做出了详细规定，该法典包括以下内容：

第一部分：概述；

第二部分：良好生产规范（包括附件1"季前检查示例"，附件2表1"蜂产品加工饮用水供应规范"）；

第三部分：HACCP应用；

第四部分：有关卫生安全和标签的风险因子的识别和控制；

第五部分：RMP模板（蜂蜜和干花粉RMP模板、大罐装蜂蜜RMP模板）。

（3）化学品使用

新西兰初级产业部网站上公布了在蜂产品加工中允许使用的化学品清单，企业根据这个清单进行采购。只有列入该清单的化学品方可进入并储存在加工车间内。新西兰法规未要求对储存在加工车间内的化学品采取防护措施。

对此类化学品的检查由新西兰初级产业部或新西兰国家实验室的验证人员执行，属于残留物监控计划的内容。

（4）产品转移

《动物产品（供人类消费的产品说明）公告2013》中对蜂产品及其原料运输的卫生条件做出了规定，确保蜂产品在运输过程中不被污染。

对运输过程的卫生状况，由新西兰初级产业部或新西兰国家实验室的验证人员执行，属于残留物监控计划的内容。

2. 标签

新西兰预包装蜂产品标签受《食品法（2014）》（Food Act 2014）管理，具体要求应符合《澳新食品标准法典》中关于食品标签的要求。食品标签必须标注的内容包括：食品名称、净含量、企业名称和地址、建议和警示描述或声明、日期标注、成分描述、储存条件和使用方法、营养/健康及相关的声明信息、营养成分表、特定成分和组分的信息、转基因产品信息、辐照食品信息等。新西兰蜂蜜标签由新西兰初级产业部或新西兰国家实验室的验证人员进行验证。

对于麦卢卡蜂蜜标签,新西兰制定了《麦卢卡蜂蜜临时标签指南》(Interim Labelling Guide for Manuka Honey)。该指南中有关蜂蜜的特征、食品声明、其他标签要求等条款为强制性规定,关于新西兰麦卢卡蜂蜜的特征的条款为推荐性条款,没有强制力。

7.1.4 相关法规标准变化

1.《麦卢卡蜂蜜鉴定标准》

麦卢卡蜂蜜被称为新西兰"国宝"级特产,受到多国消费者的追捧,不过由于缺乏官方标准,市场上的产品良莠不齐,让人难辨真假,麦卢卡蜂蜜鉴定标准一直是新西兰国内和国际市场争论的焦点。目前,市场上流行的 UMF、MGO 等麦卢卡蜂蜜的分级体系对于蜂蜜中特有活性抗菌成分的含量界定并不相同,让消费者很难判断。从 2014 年开始,新西兰初级产业部着手从蜂蜜产品包装、广告等角度规范市场,并组织专家研究麦卢卡蜂蜜鉴定标准。

2017 年 4 月 11 日,新西兰初级产业部公布了科学定义麦卢卡蜂蜜的标准——《麦卢卡蜂蜜鉴定标准》,以期规范麦卢卡蜂蜜市场。该标准明确了麦卢卡蜂蜜的"五项核心硬指标",具体包括四个化学指标项和一个 DNA 指标项,依据达标后的不同指数区分标记为多花蜜麦卢卡(又名"麦卢卡混合蜜")及单花蜜麦卢卡。

2.《蜂产品出口通用要求》

新西兰《蜂产品出口通用要求》的最新版本于 2024 年 2 月 22 日发布,2024 年 5 月 16 日开始生效。其根据新西兰《动物产品法案(1999)》第 167(1) 条第 60 款的规定颁发,对出口蜂蜜和其他蜂产品进行通用要求规定,以此促进新西兰蜂产品的市场准入和安全保障。具体内容包括:

(1)出口的蜂产品要满足其产品成分和产品表述中的预期使用目的;

(2)确保出口链的可追溯性;

(3)单一花种和多花种麦卢卡蜂蜜的明确定义和相关要求。

7.2 蜂产品安全监管体系

　　新西兰是一个具有中央集权政府的小国家，地方上的兽医卫生管理和进出口均由中央主管机构初级产业部负责。除此之外，新西兰还设有蜂产品行业协会、科研机构等辅助机构。这些机构在蜂产品监管中发挥着重要作用。例如，蜂产品行业协会可以为会员提供行业信息、技术咨询和市场拓展等服务，帮助会员提高生产效率和产品质量。科研机构则致力于蜂产品的科学研究和技术创新，为行业提供科学依据和技术支持。

7.2.1 初级产业部

　　新西兰初级产业部（MPI）是新西兰国家兽医卫生及服务主管机构，也是进出口蜂产品的中央主管部门，总部设在惠灵顿，人员分布于整个新西兰，负责新西兰兽医卫生、兽医公共卫生和官方兽医服务，提供政策和法规的建议/咨询，市场准入和贸易服务，同时负责生物安全，食品安全，林业、渔业管理，动物福利计划，以及畜产品的生产、加工和处理，并且还是整个新西兰动物疫病（包括蜜蜂病害）监控的领导机构。

7.2.2 技术机构与行业协会

　　澳新食品标准委员会负责调整和管理《澳新食品标准法典》，该法典列明了食品的相关要求，如食品添加剂、食品安全、标签和转基因成分等，适用于在澳大利亚和新西兰制造和销售的食品。该法典在新西兰的执行和解释由初级产业部负责。

　　国有企业新西兰国家实验室是新西兰政府全资拥有的食品和生物安全检测公司。该公司作为国有独立检测认证机构，为食品和初级产业提供检测、监督、评估、核查服务，负责雇佣兽医和动物卫生职员，他们经 ISO 17020 认可并由新西兰的认证机构根据 1988 年《标准法》进行年审。除了蜜蜂的相关活动，新西兰国家实验室还为疫病暴发防控提供官方支持。新西兰国家实验室和初级产业部一起负责蜜蜂疫病预防控制和应急措施的组织。

新西兰相关蜂产品行业协会包括全国养蜂人协会（NBA）、养蜂协会执行委员会（National Bee Association Executive Council）、农场主联盟蜂产业集团执行委员会（Federated Farmers Bee Industry Group Executive Committee）、养蜂产业顾问委员会（Beekeeping Industry Advisory Council）等。

7.3 蜂产品进出口监管体系

初级产业部在蜂产品的进出口方面起到检疫管理的作用。初级产业部验证服务机构（MPI VS）提供了一系列食品安全和生物安全检验和认证服务，初级产业部的边防局作为检疫管理机构在口岸负责为通过国际船只、飞机、邮件、乘客和工作人员进口的蜂产品提供前线通关服务，初级产业部的合规局负责合规服务、调查服务和针对从自愿遵守到执法强制的整个合规性范畴的合规检查。

7.3.1 出口控制

1. 注册登记

如果蜂产品用于出口且进口市场需要一个官方证明，经营者必须遵守《动物产品法案（1999）》及任何附属法规的要求，建立并在初级产业部登记其注册和验证的风险管理计划（RMP）。所有蜂产品的 RMP 必须每年至少进行一次验证。这必须由认可机构——初级产业部的验证机构或新西兰国家实验室来完成。

2. 出证程序

"动物产品的电子认证系统"（AP E-CERT）是初级产业部的电子化工程，可以发放动物产品的官方证明。在 AP E-CERT 中，初级产业部认证官有权访问出口产品的历史和市场的全部信息，产品的所有制造和储存场所的信息都可以通过点击配套文件（EDs）的链接进行查看。由于产品在新西兰境内从一个场所到另一个场所之间的每一个流通动作都应有 EDs，AP E-CERT 也可以显示产品何时以何种方式在这些场所之间流通，并且有明确的要求以确保信息输入到 AP E-CERT 是准确的并能反映产品的真实状况。

初级产业部还有用于确认产品对于新西兰和有关进口国要求合规性的核查制度。

认证官根据以上信息决定是否批准一个出口证书的申请。

3. 出口验证

（1）RMP 验证程序

《动物产品公告：出口官方证书管理要求》规定了新西兰出口动物产品的验证要求，包括企业向验证机构的申请，产品发生转移时需提交的声明，官方授权的验证（包括抽样检测）程序、频次和对企业的要求等。

RMP 官方验证由初级产业部负责监管，初级产业部制定针对 RMP 企业的抽样计划，具体抽样时间由初级产业部通过 E-mail 通知初级产业部验证机构或新西兰国家实验室，同时在对企业实施验证的过程中进行取样，由初级产业部授权的实验室进行检测。出口验证也是出口动物源性食品出具官方证书的基础。

（2）官方证书

初级产业部建立了电子证书系统（E-CERT），该系统是初级产业部针对进口国法规要求，为出口动物提供官方保证的互联网应用程序。该系统在动物产品生产过程中进行全程跟踪，直至出口，并在整个过程符合要求的基础上导出电子证书。

新西兰法律要求所有出口蜂产品相关的企业（加工企业、出口商）均需按照 RMP 的要求进行注册，并在 E-CERT 系统中提交相关信息，以保证产品的可追溯性。同时，在动物产品外包装保持清晰、完整、准确的产品信息。

RMP 同时还是初级产业部根据出口目的国官方要求制定的出具官方证书的程序。如果出口目的国官方对出证提出特殊要求，初级产业部可以根据企业自我声明或承诺出具相关证书。

4. 检验出证和口岸监管情况

新西兰出口蜂蜜规定必须使用电子证书，由验证机构通过 E-CERT 系统出具，同时出口产品的外包装上除了标签规定标注的内容外，还必须标注出口前与产品接触的最后一个 RMP 企业的注册号和产品的批号。RMP 验证人员在监督出口产品装运时，核对产品的净重、毛重、产品名称、HS 编码和出口国，记录集装箱铅封号。同时要求企业建立出口集装箱铅封使用台账，并与初级产业部的集装箱铅封分配台账保持一致。

出口蜂产品在企业装箱后，企业加施铅封，验证人员出具官方证书，则该批产品的出证过程全部结束。产品在口岸不再进行查验。

综上，初级产业部对出口蜂产品的出证是在 RMP 验证基础上，并不针对具体批次的产品，同时对于验证内容不涉及，但出口目的国官方提出证书上必须证明的内容，则是依据企业提供的承诺出具证书。

5. 蜂产品安全监控要求

2024 年 7 月 1 日，初级产业部发布 52039 号公告，即新版《动物产品公告：动物源性食品安全监控规程》。该规程主要内容如下：

（1）适用范围：适用于新西兰国内生产消费以及用于出口的动物源食品（包括乳制品、畜产品、水产品、蜂产品等）中的农兽药残留、污染物、生物毒素、微生物、添加剂等项目的年度监控；

（2）各类动物源性食品的取样要求，包括样品来源（如红肉动物源食品样品只能从新鲜或冷冻的无骨生肉中提取）、取样场所（动物源性食品加工和储存场所）、取样数量（畜肉产品样品数量相比前一监控年度有所增加，水产品和蜂产品样品数量小幅减少）、样品必须由相关官方人员采集等。

7.3.2 进口控制

新西兰对进口风险货物管理十分严格，针对特定国家、特定动植物源性食品进口依照《生物安全法（1993）》《食品法（2014）》《动物产品法案（1999）》等进行进口监管。蜂蜜及其他蜂产品是新西兰 14 个进口食品类别之一。

新西兰进口蜂产品必须符合新西兰的法律法规要求，包括相关标准、认证和检验要求。这些法规主要依据新西兰的食品安全法和植物检疫法制定，由初级产业部负责执行。进口蜂产品必须提供有效的检验报告和证明文件，以证明其符合新西兰的法规要求。初级产业部还会对进口蜂产品进行抽样检验，以确保其符合相关标准。

1.进口卫生标准

新西兰进口蜂产品的要求在以下进口卫生标准（IHS，该标准将根据新的信息不断进行修订，比如输出国的蜜蜂病虫害变化、国际标准变化及最新的研究发现等）中规定：

（1）IHS 对于来自皮特凯恩岛的蜂蜜和蜂胶：允许无欧洲蜂幼虫腐臭病并有兽医证书的蜂蜜和蜂胶从皮特凯恩岛进口。

（2）IHS 对于来自所有国家的经处理的蜂产品：允许蜂蜜和未加工蜂蜡从已经初级产业部评估无欧洲蜂幼虫腐臭病并有兽医证书的国家（纽埃、萨摩亚、所罗门群岛、汤加、图瓦卢）进口；来自所有国家的精制蜂蜡、精制蜂胶和精制蜂王浆。

（3）IHS 对于来自奥地利和德国的卡尼鄂拉蜂精液：通过 DNA 确认的卡尼鄂拉蜂精液从已经通过初级产业部评估摆脱了非洲蜜蜂和海角蜜蜂的国家（奥地利和德国）进口。

养蜂业对新西兰进口蜂蜜在生物安全方面的风险仍保持关注。初级产业部也曾开展对"以色列急性麻痹病毒（IAPV）"在蜂蜜中耐热性的研究。

2.进口口岸查验

初级产业部的口岸监管部门负责对进口蜂蜜及其他蜂产品进行现场查验和抽检检测。根据产品风险的不同，新西兰将进口食品分为高风险食品和其他食品两种类型以实施口岸现场查验作业。其中，纳入进口高风险食品的货物需根据相关抽样和检测的规定对有关风险因子（检测项目）取样后送实验室检测，检测结果符合要求后方可放行。初级产业部会根据进口商的抽检历史记录来确定其进口高风险食品的抽检频率，从而确认采取加严检验、正常抽样还是减少抽样的措施。最初进口蜂产品一般执行 100% 比例的加严检验，如果连续有 5 批合格货物通关，抽样频率将会恢复到 20% 的正常抽样水平，后续如持续有连续 5 批合格货物通关，抽样频率继续降至 10%。不过，一旦进口蜂产品被确认违反进口食品要求，抽样频率会返回至 100%。对于其他食品进口时，初级产业部只需要确认其符合《澳新食品标准法典》规定，重点审核标签及标注内容等的符合性即可。

7.4 中新对比分析

中国和新西兰都是重要的蜂产品生产国，但在法规、标准和监管方面存在显著差异。

7.4.1 法规对比

中国蜂产品的法规体系主要包括《中华人民共和国食品安全法》及其相关配套法规，如《蜂产品生产许可审查细则（2022 版）》等。这些法规对蜂产品的生产、加工、销售和检验等方面进行了详细规定。新西兰的蜂产品法规体系以《动物产品法案（1999）》和《动物产品法规（2021）》为基础，并不断更新修订。例如，2023 年 10 月 31 日发布的《动物产品公告：生产、供应和加工》修订内容，涉及红肉、海鲜、蜂蜜、鸡肉生产商和乳制品要求。

7.4.2 标准对比

中国是养蜂大国，也是蜂产品大国，已经主导制定了多部蜂产品的国际标准，如《蜂胶——规范》《蜂花粉——规范》《蜂王浆——规范》《蜂王浆生产规范》等，这体现了中国在蜂产品领域的实力和影响力。中国的进口蜂产品标准体系注重产品的安全性、质量和纯度，并强调对进口企业的注册和备案管理。新西兰是著名的蜂蜜生产国，其麦卢卡蜂蜜更是享誉全球。新西兰的进口蜂产品标准体系同样严格，注重产品的来源、生产过程、质量以及标签和包装等方面的要求。新西兰的官方机构，如初级产业部对进口蜂产品进行严格的检验和检疫，以确保其符合新西兰的食品安全标准。

1. 总体情况

中国现行的蜂产品食品安全国家标准包括《食品安全国家标准 蜂蜜》（GB 14963—2011）、《食品安全国家标准 花粉》（GB 31636—2016）和《蜂王浆》（GB 9697—2008）等。这些标准规定了蜂产品的理化指标、微生物指标和检验方法等。新西兰对蜂产品的标准制定较为严格，特别是针对麦卢卡蜂蜜等特色产品。新西兰的麦卢卡蜂蜜有两种认证体系：UMF 和 MGO，分别检测抗菌成分和甲基乙二醛的含量。

2. 标准体系对比

中国与新西兰蜂产品相关标准体系对比见表7–1。

表 7–1　中国与新西兰蜂产品相关标准体系对比

标准类别	中国	新西兰
检验与检疫标准	海关按照双边议定书及中国食品安全国家标准进行单证审核、现场查验、监督抽检等	初级产业部对进口蜂产品进行检验和检疫，包括感官检查、理化检测和微生物检测等
标签与包装标准	标签需清晰、准确地标注产品信息，包装需符合相关要求	标签需清晰标注产品信息，且包装需符合新西兰的相关要求
特定产品标准	针对不同种类的蜂产品（如蜂胶、蜂花粉、蜂王浆等）制定了具体的标准	对麦卢卡蜂蜜等特定种类的蜂蜜制定了具体的标准和检测方法
农药残留与污染物	进口蜂产品中的农药残留和污染物含量需低于中国规定的最大残留限量	进口蜂蜜中的农药残留量需低于新西兰规定的最大残留限量

3. 对比分析

中国和新西兰两国都要求进口蜂产品提供官方证书，以证明产品的合法性和安全性。但中国的证书要求可能更为详细和全面，涵盖了更多的检验和检疫项目。两国都对进口蜂产品进行严格的检验和检疫，以确保其符合各自的食品安全标准，但新西兰在麦卢卡蜂蜜等特定产品的检验和检疫方面可能更为严格和细致。两国都要求进口蜂产品的标签和包装符合相关要求，以确保产品的信息准确性和安全性，但新西兰的标签要求更为严格，强调产品的来源和纯度等信息。两国都针对特定种类的蜂产品制定了具体的标准和检测方法，但中国在蜂胶、蜂花粉、蜂王浆等产品的标准制定方面更为领先和全面。

中国和新西兰在进口蜂产品标准体系方面存在相似之处，但也有各自的特点和重点。两国都致力于确保进口蜂产品的安全性、质量和纯度，为消费者提供高品质的蜂产品。

7.4.3 监管对比

中国的蜂产品监管主要由国家市场监督管理总局负责，通过生产许可审查、日常监督检查和抽样检验等方式确保蜂产品质量安全。养蜂由农业农村部负责，进出口领域则由海关总署负责。新西兰的蜂产品监管全部由初级产业部负责，对蜜蜂疾病的预防、蜂药的投放和使用等方面都有严格规定。新西兰的监管力度较大，养蜂人的蜜蜂和养殖信息都由实验室监管，确保产品受到严格监管。

7.4.4 相关建议

中国和新西兰在蜂产品法规、标准和监管方面存在显著差异。新西兰对蜂产品的监管力度较大，确保了产品的质量和安全，但特色蜂产品，比如麦卢卡蜂蜜也曾存在假冒问题。由此不难看出，中国和新西兰在蜂产品领域的法规、标准和监管体系各有特点。中国在法规和标准方面不断完善，但在监管力度和执行力方面仍有提升空间。新西兰的法规和标准体系较为完善，监管力度较大，确保了产品的质量和安全，但也需要加强打击假冒产品的力度。

随着全球消费者对健康食品的需求不断增加，蜂产品市场将继续保持增长态势。中国和新西兰作为重要的蜂产品生产国，应加强合作与交流，共同推动蜂产品行业的可持续发展。未来，两国可以加强在法规、标准和监管方面的合作，共同提高蜂产品的质量和安全水平，为消费者提供更多优质、健康的蜂产品。

第八章

Chapter 8

日本蜂产品技术性贸易措施与对比研究

8.1 蜂产品安全法律法规标准体系

8.1.1 法律法规

在日本，蜂产品被纳入《食品卫生法》的规范实施监管之中。其中，蜂巢、蜂胶原料块等蜂产品根据其加工程度不同还需要接受动物检疫。其他相关的法律法规还包括《农药管理法》、《农药残留标准》、《日本农业标准》（JAS）等。此外，诸如《关于确保药品和医疗器械等产品的质量、功效和安全的法案》、《家畜防疫对策要领》（1999 年 4 月 12 日 11 畜 A 第 467 号）、《关于实施食品卫生监督指导的指针》（厚生劳动省 2023 年第 301 号）以及《关于食品等企业应实施的管理运营基准的指针》（厚生劳动省 2014 年第 6 号）也对蜂产品的食品安全、检验检疫等提出要求。

1.《食品卫生法》

《食品卫生法》是日本食品安全领域的基本法律，对包括蜂产品在内的所有食品的生产、加工、销售等环节进行了全面规范。该法规定了食品的卫生标准、食品标签和包装要求、食品安全管理体系等内容。

2.《农药管理法》和《农药残留标准》

《农药管理法》和《农药残留标准》规定了农药的使用和管理要求，以及食品中农药残留的最大限量。对于蜂产品，特别是蜂蜜，这些法律和标准同样适用，以确保产品中不含过量的农药残留。

3.《日本农业标准》

《日本农业标准》是日本制定的一系列农业产品质量和标示标准，其中也包括了蜂产品的相关标准。这些标准规定了蜂产品的分类、质量等级、检验方法、标示要求等内容。

4.1955 年，日本国会颁布的单行法《养蜂振兴法》以及随后农林水产省制定的《养蜂振兴法施行规则》

《养蜂振兴法》以蜂群的适当养殖、蜂产品的增产以及提高农作物授粉率为目的，对蜜蜂繁育、转地饲养、蜜源植物保护、蜂蜜加工、政府职责、资金补助等做了规定。该法较为重视蜜蜂疫病监管，旨在推动中央政府和各县政府都能对养蜂业加大管理和扶持力度，保护蜜源，更好地应对农药管理、养蜂环境卫生安全等问题。《养蜂振兴法施行规则》则进一步解读了养蜂人的权责义务，具有很高的操作性。

日本有关蜂产品的法律法规及标准相对完善，涵盖了从生产到销售的全过程。这些法律法规和标准不仅保障了蜂产品的质量和消费者的权益，也促进了日本蜂产业的健康发展。

8.1.2 农兽药管理和农兽药标准

1. 农兽药管理

农林水产省中央医药事务委员会负责向药品生产企业发放药品生产许可证。兽药检查所负责流通领域药品的检测监管。根据《关于确保药品和医疗器械等产品的质量、功效和安全的法案》，未被批准生产销售的兽药不得在市场上流通，未被认可的兽药，原则上不可以使用。对允许使用的兽药，日本官方制定了使用人员必须遵守的标准（使用规章、部委令），规定了可用医药品的对象动物、用法及用量、对象动物的使用禁止时间，以确保养殖过程使用了兽药也不会超过日本规定的残留限量。

2. 农兽药标准

根据新的《食品卫生法》修正案，日本于 2006 年 5 月 29 日起正式实施《食品中残留农业化学品肯定列表制度》。

《食品中残留农业化学品肯定列表制度》，简称《肯定列表制度》（Positive List System），是指日本政府为了加强食品（包括可食用农产品）中农业化学投入品（包括农药、兽药和饲料添加剂）残留物管理而制定的一项新制度。《肯定列表制度》涉及的农业化学品残留限量包括"沿用原限量标准而未重新制定暂定限量标准""暂定标准""禁用物质""豁免物质""一律标准"五大类型。有关日本蜂蜜及蜂王浆中农业化学品最高限量值要求，可以在日本厚生劳动省官方网站的数据库 MRLs Databases 中检索。

8.2 蜂产品安全监管体系

根据《食品卫生法》和《食品安全基本法》等法律法规，日本建立了以食品安全担当大臣领导下的中央政府管理机构，包括食品安全委员会、农林水产省和厚生劳动省，彼此相互配合，又各司其职。

8.2.1 农林水产省

农林水产省（Ministry of Agriculture, Forestry and Fisheries of Japan, MAFF），简称农水省，隶属于日本中央省厅，主管农业、林业、水产行业行政事务，是日本政府负责农业、林业、水产业相关事宜的重要政府部门，主要职责有：负责家畜传染病诊断，制定和修订预防控制措施；制定应急预案；向世界动物卫生组织通报国内动物传染病疫情；进口动植物检疫；国内生鲜农产品及其粗加工产品在生产环节的质量安全管理；农药、兽药、化肥、饲料等农业投入品在生产、销售与使用环节的监管；国产和进口粮食的质量安全性检查；国内农产品品质、认证和标示的监管；农产品质量安全信息的搜集、沟通等。

8.2.2 厚生劳动省

厚生劳动省（Ministry Health，Labour and Welfare，MHLW）是日本负责医疗卫生和社会保障的主要部门，设有 11 个局 7 个部门，主要负责日本的国民健康、医疗保险、医疗服务提供、药品和食品安全、社会保险和社会保障、劳动就业、弱势群体社会救助等职责。在食品安全领域，其主要职责有：食品在加工和流通环节的质量安全监管；制定食品中农药、兽药最高残留限量标准和加工食品卫生安全标准；对进口农产品和食品的安全检查；核准食品加工企业的经营许可；食物中毒事件的调查处理；发布食品安全信息；等等。

8.2.3 都道府县级兽医卫生主管部门

1. 家畜保健卫生所

47 个都道府县设有 170 家家畜保健卫生所，隶属于各都道府县。市町村级食品卫生检查所、保健所提供兽医公共卫生服务，隶属于都道府县级食品卫生检查所、保健所。

2. 地方动物检疫所

除本部外，全国共有 7 个分部和 17 个办事处，主要负责进出口蜂蜜的检疫，隶属于农林水产省。

3. 地方厚生局动物卫生课

全国共设 7 个分部，负责第三方检测实验室注册登记，食品加工厂备案及生产全过程监督检查，签发优惠证书等，隶属于厚生劳动省。

8.2.4 与兽医卫生管理有关的其他部门

民间团体（农业合作协会、农业互助协会等）和私人诊所中其他从事兽医事务的兽医师负责向家畜保健卫生所汇报疫病发生情况。

农林水产省与兽医卫生管理有关的部门包括动物检疫所、兽药检查所、动物卫生研究所（4个）、食品安全和消费者权益局、地方农业管理办公室、食品农产品检验所、中央医药事务委员会、兽医事务委员会、动物卫生委员会。

8.3 蜂产品进出口监管体系

8.3.1 进出口检验检疫主管部门

根据《家畜传染病预防法》和世界动物卫生组织等国际组织的相关规定，农林水产省下属的动物检疫所负责动物检疫、疫情通报，即禁止进口的动物及其产地名录的通报工作。动物检疫所总部设在横滨，在东京成田机场、大阪关西机场及门司、冲绳、神户等主要海空口岸设有分部，在一些一般口岸城市则有派出机构，负责进出口动物及动物产品的检疫工作。食品出口加工企业批准及现场监督检查由7个地方厚生局动物卫生课实施。

8.3.2 出口管理

1.监管机构

在日本，蜂产品出口的监管机构主要由政府机构和行业组织两部分组成，共同维护蜂产品产业的健康稳定发展。其中，日本农林水产省是蜂产品出口监管的主管机构，负责统筹协调整个蜂产品出口的监管工作。

（1）农林水产省作为主管机构，负责制定和执行蜂产品出口的相关政策、法规和标准。在出口前，农林水产省会组织对蜂产品进行严格的检验检疫，确保蜂产品符合出口国家的质量标准和卫生要求。同时，农林水产省还负责颁发出口许可证和卫生证书等出口文件，为蜂产品的出口提供法律保障。

（2）在农林水产省的指导下，日本蜂产品协会、地方农业合作社等组织也会参与到蜂产品出口的监管工作中。这些组织通常会提供技术支持、市场推广等方面的服务，帮助出口企业更好地了解国际市场，提高蜂产品的竞争力。同时，它们也会协助农林水产省进行市场监管和行业发展等方面的工作，确保蜂产品出口的质量和数量稳定。

在职责划分方面，农林水产省主要负责宏观政策的制定和监管工作，而日本蜂产品协会、地方农业合作社等组织则负责具体的执行和服务工作。两者相互配合，共同推动日本蜂产品出口的持续发展。

2. 法律法规

在蜂产品出口方面，日本的监管法规体系相对完善，主要由法律法规和标准规范两部分组成。这些法规和规范旨在确保蜂产品的质量和安全，同时符合国际市场的要求。

（1）法律法规方面，日本农林水产省令和《食品卫生法》是蜂产品出口的主要法律依据。农林水产省令详细规定了蜂产品的生产、加工、储存和运输等环节的具体要求，确保蜂产品的纯净度和安全性。而《食品卫生法》则规定了食品的一般卫生标准和要求，包括食品添加剂的使用、标签标示等，这些要求同样适用于蜂产品。这些法律法规为蜂产品出口提供了明确的指导和规范，使得企业能够遵守相关法律法规，确保产品符合国际市场的要求。

（2）标准规范方面，日本对蜂产品的质量标准、包装和标示等方面都有严格的规定。例如，日本工业标准（JIS）规定了蜂产品的理化指标、微生物指标等，确保了蜂产品的品质和安全性。日本还制定了蜂产品的包装和标示标准，要求蜂产品的包装材料必须符合安全标准，标签上必须注明产地、生产日期、保质期等信息，以便消费者识别和购买。这些标准规范为蜂产品出口提供了统一的标准和依据，使得日本蜂产品在国际市场上具有竞争力。

（3）检验检测方面。为了确保法律法规与标准规范的有效执行，日本政府还建立了一系列的监管机制和检测机构。这些机制和机构负责对蜂产品的生产、加工、储存和运输等环节进行监督和检查，确保产品符合相关法规和标准。同时，政府还加强了对出口企业的管理和培训，提高企业的质量意识和法律意识，确保出口蜂产品的质量和安全。

日本的监管法规体系框架为蜂产品出口提供了坚实的保障，通过严格的法律法规和标准规范，确保了蜂产品的质量和安全性，增强了消费者对日本蜂产品的信任和认可。同时，政府还加强了对出口企业的监管和培训，促进了日本蜂产品的出口和国际贸易。

8.3.3 进口控制

日本实施的食品进口程序是食品安全体系中的重要组成部分之一，它不仅从程序上规范细化了食品进口检疫检验工作，强化了监管工作力度，而且把食品监管部门和海关等口岸管理部门的监管工作联系起来，开展多部门把关，从而更加有效地控制了进口食品中可能存在的安全卫生风险。在进口蜂蜜的监管方面，日本政府也采取了严格的措施。进口蜂蜜必须经过口岸的检验和检疫，合格后才能进入日本市场。日本政府还设置了进口限制和贸易壁垒，以保护本国的蜂蜜产业。例如，日本对进口蜂蜜的数量和价格进行了限制，同时对来自某些国家的蜂蜜还实施了反倾销措施。

1. 蜂产品进口通关流程

日本进口食品，无论以海运还是空运方式进口，都必须走下述进口食品清关程序。

（1）通关前需要按《食品卫生法》《植物保护法》《家畜传染病预防法》办理进口许可，并向厚生劳动省提交《进口食品通知单》等。

（2）进口申报。进口商品必须按海关规定进行申报，由报关员提交相关申报文件。

（3）海关查验。海关审查报关文件，必要时进行查验，以确认货证是否相符，是否归类正确。如果需要进口许可证的，海关还要确认是否完成全部程序。同时查处商标侵权等侵犯知识产权的行为，查处贩毒，以及产地造假行为。

（4）缴付关税、消费税。关税＝进口价（商品价格＋保险＋运费）×关税率；消费税＝（进口税＋关税）×5%。

（5）进口许可。将货物储存在保税区，待海关完成征税等所有必要程序后，签发进口许可，进口商提货后整个进口程序结束。

（6）销售。进口蜂产品应符合《食品安全基本法》和《食品卫生法》的规定，确保食品安全。根据食品种类和销售方式的不同，可能需要依法获得销售许可。销售商必须遵守标签及回收法规的规定。

2. 进口蜂产品特殊要求

日本《动物传染病控制法》规定，蜂产品必须由输出国官方出具检验检疫证书方可进口。证书中应明确标明原产地及蜜源花的种类，并注明水分、蔗糖含量、果糖和葡萄糖占比等指标。日本准许进口蜜蜂的国家和地区包括中国、意大利、俄罗斯、美国、加拿大、澳大利亚、新西兰、斯洛文尼亚、智利等。

进口蜜蜂需要向动物检疫所提出进口检验申请，动物检疫所则根据该申请，在抵达环节，就是否持有出口国政府出具的检验证书、家畜卫生要求达标情况进行书面查验。

3. 口岸检查方式

日本对需要检查进口的食品采用自主检查、监测检查和命令检查三种级别。

监测检查是对一般进口食品进行的一种日常抽检。厚生劳动省按照不同的食品类别、以往的不合格率、进口数量（重量）、潜在风险的危害程度等确定监测检查计划，包括需检查项目和抽检率，由各地食品检疫所具体实施。

命令检查是强制性逐批进行100%的检验，由口岸食品检疫所负责实施。监测检查和命令检查的区别是，前者在受检时不影响货物通关，但对检验出有问题的食品则要求进口商负责召回、销毁；后者在受检时货物不得通关。监测检查和命令检查可以因以往检查中的不良记录的数量和程度而转化。如果来自同一制造商或加工商的进口食品在以往监测检查中发现一次违规，则抽检率提高 50%，发现第二次违规则启动命令检查。另外，如果进口食品中出现与公共健康有关的突发事件或会引发公共卫生危机的风险，一例违规即可启动指令性检验措施。只有在出口国查明原因并强化了新的监督、检查体系，确定了防止再次发生的对策等，确认不会再出现不合格出口食品时，命令检查才能解除。

自主检查是进口商的自律行为，但并不是没有约束。对需要自主检查的进口食品，进口商自选样本送到厚生劳动省指定的检疫机构进行检验，对检出的问题必须依法报告。与前两种检查不同的是，监测检查和命令检查是行政性检查，检查样品由厚生劳动省所属的食品检疫所抽取；自主检查则要求进口商自主抽取样品。自主检查费用由进口商支付。

8.4 中日对比分析

本部分从蜜蜂疫病防控、用药管理和残留监控、生产加工管理、产品标准和标签等方面对比双方的异同。

8.4.1 疫病防控

日本对进口蜂产品没有设置疫病控制要求。而中国农业农村部将动物疫病分为一、二、三类，其中美洲蜂幼虫腐臭病、欧洲蜂幼虫腐臭病、蜜蜂孢子虫病、蜜蜂螨病、大蜂螨病、蜜蜂白垩病等六种蜂病被归为二类动物疫病。在动物防疫法中也具体规定了针对不同类别动物疫病的管理措施。

8.4.2 用药管理和残留监控

日本禁止在蜂产品中使用以下药物：喹乙醇（Olaqindox）、卡巴氧（Carbadox）、蝇毒磷（Coumaphos）、氯霉素（Chloramphenicol）、氯舒隆（Clorsulon）、氯丙嗪（Chlorpromazine）、己烯雌酚（Diethylstilbestrol）、二甲硝咪唑（Dimetridazole）、呋喃西林（Furacilinum）、呋喃妥因（Furadantin）、呋喃唑酮（Furazolidone）、呋喃它酮（Furaltadone）、孔雀石绿（Malachite green）、甲硝哒唑（Metronidazole）、洛硝哒唑（Ronidazole）。

中国农业农村部第 250 号公告规定了禁用药名单，名单基本包括了日本规定的禁用药物。在原农业部第 235 号公告中规定了蜜蜂可以使用的兽药包括双甲脒（200 μg/kg）、蝇毒磷（100 μg/kg）、氟胺氰菊酯（50 μg/kg）和氟氯苯氰菊酯（不需要制定限量）。其中，蝇毒磷为中国允许使用药物，但日本禁止使用，在目标客户为日本时，应予以关注。

污染物要求：中国规定了蜂蜜中环境污染物铅的最高限量为 0.5mg/kg。

微生物要求：中国蜂蜜食品安全国家标准中规定了蜂蜜必须符合的微生物要求，包括菌落总数、致病菌和嗜渗酵母菌等的要求。日本对蜂蜜中的菌落总数制定了要求。

8.4.3 生产加工管理

日本对蜂蜜的管理要求与普通食品基本相同，按照《关于实施食品卫生监督指导的指针》，每年制订监督指导计划。对生产企业经营生产人员、厂区设施及环境、加工器具及加工过程安全卫生、废弃物处置、召回及追溯等通用项目做出要求。

中国对于蜂蜜生产企业的管理模式采取了备案制度，不但对养蜂场采取备案，对加工厂也采取备案管理，主管部门根据风险分析确定监管频率，监管内容主要是食品生产企业卫生要求。

8.4.4 产品标准和标签

日本制定了蜂蜜品质要求，中国制定了蜂蜜的食品安全国家标准，双方标准的关注点各有侧重。中日对于蜂蜜的分类基本相同，在蜂蜜的成分要求中，中日标准规定虽然不尽相同，但均规定了蜂蜜中果糖、葡萄糖和蔗糖的含量。

中国食品安全标准中规定了不能采集的有毒蜜源植物，包括雷公藤、博落回和狼毒等。日本法规中规定了蜂蜜中水分、重金属等的限量要求。

中国蜂蜜标签强制要求标记生产日期和保质期。日本对本国生产产品要求标记保质期，但对进口蜂蜜要求同时标记生产日期及保质期。

第九章

Chapter 9

中国蜂产品进出口贸易情况分析 [1]

9.1 蜂产品进出口贸易总体情况

　　2021—2023 年，中国蜂产品国际贸易呈现进出口金额缓慢下降、进出口重量小幅波动的态势，同时，进出口金额、进出口重量同比增速均出现明显下滑（图 9-1）。

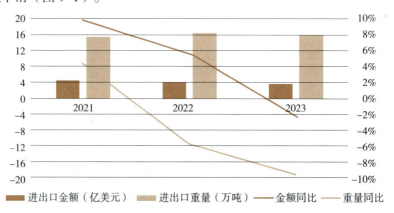

图 9-1　2021—2023 年中国蜂产品进出口贸易统计
（数据来源：海关总署）

---

[1] 本章数据均四舍五入保留小数点后两位，同比数据是按照实际数值（多位）进行计算的，因此会产生差异。

2023 年，中国进出口蜂产品 16.03 万吨，同比下降 2.32%；进出口金额 3.72 亿美元，同比下降 9.67%。

2022 年，中国进出口蜂产品 16.41 万吨，同比增长 5.58%；进出口金额 4.11 亿美元，同比下降 5.89%。

2021 年，中国进出口蜂产品 15.54 万吨，同比增长 9.69%；进出口金额 4.37 亿美元，同比增长 4.39%。

9.2 蜂产品进口贸易分析

9.2.1 蜂产品进口量及进口额分析

2021—2023 年，中国进口蜂产品额逐年下降。其中，2023 年中国进口蜂产品 0.379 万吨，同比增长 0.59%，进口金额 0.66 亿美元，同比下降 11.52%；2022 年中国进口蜂产品 0.377 万吨，同比下降 22.35%，进口金额 0.75 亿美元，同比下降 32.09%；2021 年中国进口蜂产品 0.49 万吨，同比增长 12.13%，进口金额 1.10 亿美元，同比增长 18.10%（图 9-2）。

图 9-2　2021—2023 年中国蜂产品进口贸易统计
（数据来源：海关总署）

9.2.2 蜂产品进口来源国（地）分析

2021—2023 年，中国进口蜂产品来源国（地）从 41 个减少到 33 个，但是来自新西兰、澳大利亚、泰国、巴西等主要来源国的蜂产品基本保持稳定，占据蜂产品贸易额的九成以上。

2023 年，中国从 33 个国家（地区）进口蜂产品，按进口金额排名前五的国家（地区）分别为新西兰、澳大利亚、泰国、俄罗斯和巴西（表 9-1），合计占中国该产品进口总额的 93.93%。

表 9-1　2023 年蜂产品主要进口来源国（地）统计表

序号	国家（地区）	重量（吨）	重量同比	金额（万美元）	金额同比
1	新西兰	1696.38	4.43%	4974.43	−14.02%
2	澳大利亚	336.30	42.24%	640.88	15.57%
3	泰国	472.28	30.90%	223.28	32.20%
4	俄罗斯	588.47	−29.85%	202.66	109.09%
5	巴西	85.49	−451.90%	173.95	−35.93%

数据来源：海关总署。

2022 年，中国从 34 个国家（地区）进口蜂产品，按进口金额排名前五的国家（地区）分别为新西兰、澳大利亚、巴西、法国和泰国（表 9-2），合计占中国该产品进口总额的 93.33%。

表 9-2　2022 年蜂产品主要进口来源国（地）统计表

序号	国家（地区）	重量（吨）	重量同比	金额（万美元）	金额同比
1	新西兰	1624.44	−26.76%	5785.56	−29.40%
2	澳大利亚	236.43	−32.86%	554.54	−55.95%
3	巴西	15.49	−84.78%	271.52	−33.50%
4	法国	151.13	−18.12%	219.20	−28.27%
5	泰国	360.80	−9.32%	168.90	−6.66%

数据来源：海关总署。

2021 年，中国从 41 个国家（地区）进口蜂产品，按进口金额排名前五的国家（地区）分别为新西兰、澳大利亚、巴西、法国和泰国（表 9-3），合计占中国该产品进口总额的 93.63%。

表 9-3　2021 年蜂产品主要进口来源国（地）统计表

序号	国家（地区）	重量（吨）	重量同比	金额（万美元）	金额同比
1	新西兰	2218.10	13.20%	8195.37	20.79%
2	澳大利亚	352.17	−39.57%	1258.76	1.88%
3	巴西	101.71	462.93%	408.30	99.24%
4	法国	184.60	180.34%	305.60	180.30%
5	泰国	397.88	−4.94%	180.94	2.03%

数据来源：海关总署。

9.2.3 蜂产品进口品类分析

中国进口蜂产品主要以天然蜂蜜为主，占进口总量的 98% 以上，此外还有少量的蜂花粉、鲜蜂王浆、蜂王浆制剂等。

2023 年，进口天然蜂蜜 3746.74 吨，同比增长 0.57%，进口金额 6355.97 万美元，同比下降 10.86%（表 9-4、图 9-3）。

表 9-4　2021—2023 年进口蜂产品分类统计表

年度	商品名称	重量（吨）	重量同比	金额（万美元）	金额同比
2023	天然蜂蜜	3746.74	0.57%	6355.97	−10.86%
	鲜蜂王浆粉	1.52	30340.00%	9.83	5846.07%
	蜂花粉	0.29	−63.66%	0.68	−69.18%
	其他蜂产品	38.31	−0.08%	265.96	−20.77%
	蜂王浆制剂	4.76	3.98%	20.42	0.89%
2022	天然蜂蜜	3725.65	−22.53%	7130.12	−32.24%
	鲜蜂王浆粉	0.01	−94.38%	0.17	−87.17%
	蜂花粉	0.80	18.57%	2.22	−49.03%
	其他蜂产品	38.34	−1.48%	335.69	−28.32%
	蜂王浆制剂	4.57	−7.47%	20.24	−33.25%

续表

年度	商品名称	重量（吨）	重量同比	金额（万美元）	金额同比
2021	天然蜂蜜	4809.42	13.91%	10522.54	18.35%
	鲜蜂王浆	0.00	−73.33%	0.01	−86.81%
	鲜蜂王浆粉	0.09	790.00%	1.29	332.45%
	蜂花粉	0.67	74.81%	4.36	−42.52%
	其他蜂产品	38.92	−61.42%	468.31	13.62%
	蜂王浆制剂	4.94	−7.42%	30.32	20.91%

数据来源：海关总署。

天然蜂蜜
3746.74 吨、98.82%

鲜蜂王浆粉
1.52 吨、0.04%

蜂花粉
0.29 吨、0.01%

其他蜂产品
38.31 吨、1.01%

蜂王浆制剂
4.76 吨、0.13%

图 9-3　2023 年中国进口蜂产品总量分品类图
（数据来源：海关总署）

　　2022 年，进口天然蜂蜜 3725.65 吨，同比下降 22.53%，进口金额 7130.12 万美元，同比下降 32.24%（表 9-4、图 9-4）。

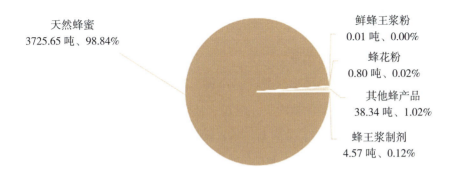

图 9-4　2022 年中国进口蜂产品总量分品类图
（数据来源：海关总署）

2021 年，进口天然蜂蜜 4809.42 吨，同比增长 13.91%，进口金额 10522.54 万美元，同比增长 18.35%（表 9-4、图 9-5）。

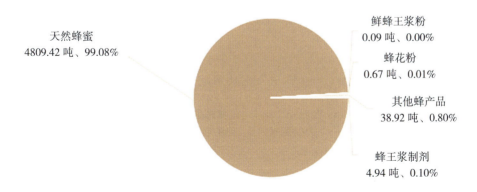

图 9-5　2021 年中国进口蜂产品总量分品类图
（数据来源：海关总署）

9.3 蜂产品出口贸易分析

9.3.1 蜂产品出口整体情况

2021—2023 年，中国出口蜂产品呈现出小幅波动的态势。2021—2022 年中国出口蜂产品重量保持增长，但是金额增幅不大，2023 年出口蜂产品量价齐跌。其中，2023 年中国出口蜂产品 15.65 万吨，同比下降 2.39%，出口金额 3.05 亿美元，同比下降 9.26%；2022 年中国出口蜂产品 16.04 万吨，同比增长 6.48%，出口金额 3.36 亿美元，同比增长 2.95%；2021 年中国出口蜂产品 15.06 万吨，同比增长 9.62%，出口金额 3.27 亿美元，同比增长 0.46%（图 9-6）。

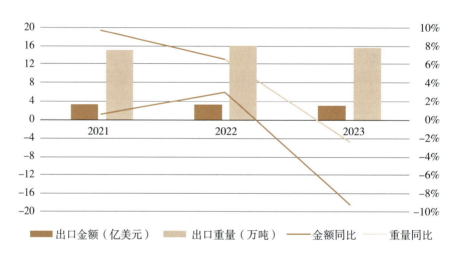

图 9-6 2021—2023 年中国蜂产品出口贸易统计图
（数据来源：海关总署）

9.3.2 蜂产品出口目的国（地）分析

2021—2023 年，中国出口蜂产品目的国（地）稳定在 90 个以上，与日本、英国、比利时等蜂产品前十大出口目的国（地）间贸易额约占出口总额的 80%。

2023 年，中国蜂产品出口到 91 个国家（地区），按出口金额排名前十的国家（地区）分别为日本、英国、比利时、波兰、西班牙、澳大利亚、荷兰、沙特阿拉伯、葡萄牙和南非（表 9-5），合计占中国该产品出口额的80.32%。

表 9-5　2023 年蜂产品主要出口目的国（地）统计表

序号	国家（地区）	重量（万吨）	重量同比	金额（万美元）	金额同比
1	日本	2.91	−3.47%	6809.90	−11.93%
2	英国	3.91	14.17%	5631.67	12.40%
3	比利时	2.27	−9.13%	3664.88	−16.36%
4	波兰	1.31	−15.94%	2187.00	−16.93%
5	西班牙	0.72	−1.93%	1623.55	−4.18%
6	澳大利亚	0.35	−13.40%	1080.79	−13.67%
7	荷兰	0.56	1.52%	948.58	−14.58%
8	沙特阿拉伯	0.33	−45.99%	866.85	−43.72%
9	葡萄牙	0.60	8.60%	846.31	12.36%
10	南非	0.47	131.81%	815.70	132.85%

数据来源：海关总署。

2022 年，中国蜂产品出口到 98 个国家（地区），按出口金额排名前十的国家（地区）分别为日本、英国、比利时、波兰、西班牙、沙特阿拉伯、澳大利亚、荷兰、韩国和德国（表 9-6），合计占中国该产品出口额的80.65%。

表 9-6　2022 年蜂产品主要出口目的国（地）统计表

序号	国家（地区）	重量（万吨）	重量同比	金额（万美元）	金额同比
1	日本	3.01	−1.37%	7732.14	−5.54%
2	英国	3.43	−9.01%	5010.41	−11.58%
3	比利时	2.50	54.95%	4381.77	54.34%

序号	国家（地区）	重量（万吨）	重量同比	金额（万美元）	金额同比
4	波兰	1.56	1.95%	2632.70	4.34%
5	西班牙	0.74	28.65%	1694.39	6.62%
6	沙特阿拉伯	0.62	114.89%	1540.34	142.69%
7	澳大利亚	0.41	5.93%	1251.87	4.36%
8	荷兰	0.55	42.23%	1110.50	44.36%
9	韩国	0.21	4.66%	1030.23	−7.84%
10	德国	0.35	3.62%	756.93	1.98%

数据来源：海关总署。

2021 年，中国蜂产品出口到 96 个国家（地区），按出口金额排名前十的国家（地区）分别为日本、英国、比利时、波兰、西班牙、澳大利亚、韩国、南非、荷兰和德国（表 9–7），合计占中国该产品出口额的 78.29%。

表 9–7　2021 年蜂产品主要出口目的国（地）统计表

序号	国家（地区）	重量（万吨）	重量同比	金额（万美元）	金额同比
1	日本	3.05	−9.95%	8185.73	−8.99%
2	英国	3.77	1.33%	5666.81	−10.77%
3	比利时	1.61	47.42%	2839.00	40.67%
4	波兰	1.53	63.89%	2523.21	48.57%
5	西班牙	0.57	0.51%	1589.18	0.40%
6	澳大利亚	0.38	5.23%	1199.60	−3.45%
7	韩国	0.20	−7.34%	1117.85	−9.77%
8	南非	0.56	35.03%	931.98	30.17%
9	荷兰	0.39	71.54%	769.27	62.85%
10	德国	0.34	6.57%	742.23	−2.52%

数据来源：海关总署。

9.3.3 蜂产品出口品类分析

中国出口蜂产品主要以天然蜂蜜为主，约占出口总量的 97%，此外还有少量的鲜蜂王浆、鲜蜂王浆粉、蜂花粉、蜂王浆制剂等。

2023 年，出口天然蜂蜜 15.26 万吨，同比下降 2.11%；出口金额 2.54 亿美元，同比下降 8.37%（表 9-8、图 9-7）。

表 9-8　2021—2023 年出口蜂产品分类统计表

年度	商品名称	重量（万吨）	重量同比	金额（亿美元）	金额同比
2023	天然蜂蜜	15.26	−2.11%	2.54	−8.37%
	鲜蜂王浆	0.06	−10.31%	0.15	−21.39%
	鲜蜂王浆粉	0.02	1.42%	0.16	−3.04%
	蜂花粉	0.25	−14.88%	0.11	−23.93%
	其他蜂产品	0.03	0.25%	0.08	4.62%
	蜂王浆制剂	0.02	−16.79%	0.02	−18.16%
2022	天然蜂蜜	15.59	6.88%	2.77	6.70%
	鲜蜂王浆	0.07	−11.16%	0.18	−11.27%
	鲜蜂王浆粉	0.02	−20.08%	0.17	−17.97%
	蜂花粉	0.29	−2.07%	0.14	−8.82%
	其他蜂产品	0.03	−1.41%	0.07	1.14%
	蜂王浆制剂	0.03	−20.75%	0.03	−17.28%
2021	天然蜂蜜	14.59	10.13%	2.60	2.38%
	鲜蜂王浆	0.08	0.38%	0.21	5.64%
	鲜蜂王浆粉	0.02	−15.12%	0.20	−16.16%
	蜂花粉	0.30	−5.25%	0.15	3.01%
	其他蜂产品	0.03	−30.59%	0.07	−32.98%
	蜂王浆制剂	0.03	80.13%	0.03	80.76%

数据来源：海关总署。

天然蜂蜜
15.26 万吨、97.52%

鲜蜂王浆
0.06 万吨、0.39%

鲜蜂王浆粉
0.02 万吨、0.13%

蜂花粉
0.25 万吨、1.60%

其他蜂产品
0.03 万吨、0.22%

蜂王浆制剂
0.02 万吨、0.14%

图 9-7　2023 年中国出口蜂产品总量分品类图
（数据来源：海关总署）

2022 年，出口天然蜂蜜 15.59 万吨，同比增长 6.88%，出口金额 2.77
亿美元，同比增长 6.70%（表 9-9、图 9-8）。

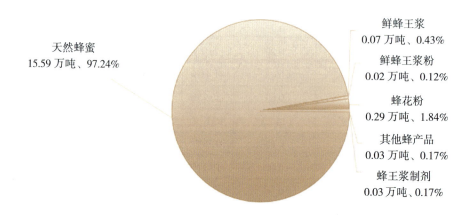

天然蜂蜜
15.59 万吨、97.24%

鲜蜂王浆
0.07 万吨、0.43%

鲜蜂王浆粉
0.02 万吨、0.12%

蜂花粉
0.29 万吨、1.84%

其他蜂产品
0.03 万吨、0.17%

蜂王浆制剂
0.03 万吨、0.17%

图 9-8　2022 年中国出口蜂产品总量分品类图
（数据来源：海关总署）

2021 年，出口天然蜂蜜 14.59 万吨，同比增长 10.13%，出口金额 2.60
亿美元，同比增长 2.38%（表 9-9、图 9-9）。

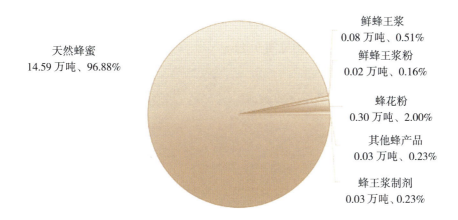

鲜蜂王浆
0.08 万吨、0.51%

鲜蜂王浆粉
0.02 万吨、0.16%

天然蜂蜜
14.59 万吨、96.88%

蜂花粉
0.30 万吨、2.00%

其他蜂产品
0.03 万吨、0.23%

蜂王浆制剂
0.03 万吨、0.23%

图 9–9　2021 年中国出口蜂产品总量分品类图
（数据来源：海关总署）

9.4 主要国家（地区）通报中国出口蜂产品不合格情况

9.4.1 美国对中国预警

2019 年 11 月 1 日至 2024 年 10 月 31 日，美国通报的中国出口不合格蜂产品共计 7 批次。通报的蜂产品美国对华预警不合格细品类中蜂蜜通报批次最多，为 5 批次（图 9–10）。

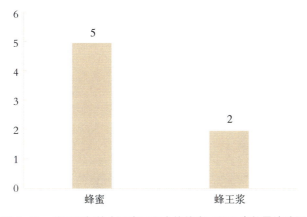

图 9–10　美国通报的中国出口不合格蜂产品细品类数量统计图

美国通报的中国出口不合格蜂产品主要不合格原因是产品未检扣留和未获准入，详细不合格原因见图 9-11。

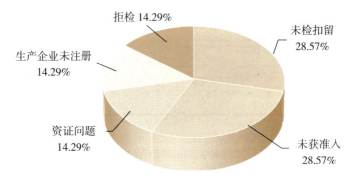

图 9-11　美国通报的中国出口蜂产品不合格原因占比图

9.4.2 欧盟对中国预警

2019 年 11 月 1 日至 2024 年 10 月 31 日，欧盟通报的中国出口不合格蜂产品共计 5 批次。欧盟通报的对华预警不合格蜂产品细品类中蜂蜜通报批次最多，为 3 批次（图 9-12）。

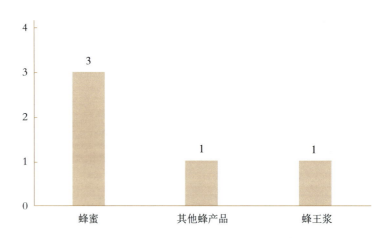

图 9-12　欧盟通报的中国出口不合格蜂产品细品类数量统计图

欧盟通报的中国出口不合格蜂产品主要不合格原因是苦参碱含量超标。苦参碱是一种天然植物源农药，在中国和越南等亚洲国家被批准用作杀虫剂。然而，在欧盟，苦参碱被列为不批准使用的活性物质，并执行默认的MRL标准（小于0.01mg/kg）。蜂蜜中苦参碱含量超标可能是中国部分蜂农在养蜂过程中使用了含有苦参碱的农药。详细不合格原因见图9-13。

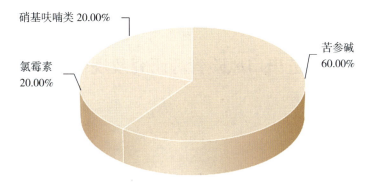

图9-13　欧盟通报的中国出口蜂产品不合格原因占比图

第十章

Chapter 10

中国蜂产品进出口风险管理研究及现代化治理展望

10.1 中国蜂产品进出口监管形势及主要风险

中国蜂产品在国际市场上的地位日益重要，其进出口总量持续增长。近年来，中国蜂产品出口总额呈现稳步增长态势。然而，国际贸易环境的复杂性和不确定性可能对蜂产品进出口造成一定压力。中国需要不断提升蜂产品的品质和附加值，以满足国际市场的需求。虽然中国蜂蜜的产量较大，但仍需要从国外进口一些高品质的蜂蜜，以满足消费者的多元化需求。

10.1.1 中国蜂产品进出口风险现状

中国蜂产品进出口面临着多方面的风险挑战。首先，商品质量问题是重中之重，不达标或掺假的蜂产品严重威胁消费者健康，损害行业形象。因此，建立并严格执行质量控制体系，实施定期检查和抽样检验，是确保蜂产品质量安全的关键。其次，市场需求波动可能导致库存积压，影响企业资金周转。因此，深入市场调研，准确预测需求走势，对于合理规划批发数量、避免供需失衡至关重要。再次，货物在运输过程中可能遭遇丢失或损坏，购买合适的保险能够为企业筑起一道经济防线。最后，市场准入和法规遵守是企业开展国际贸易的基石，必须深入了解目标市场法规，确保产品合规，以免陷入法律纠纷。

10.1.2 监管效能有待提高

中国蜂产品，尤其是蜂蜜，在出口流程中需经历多重监管环节，确保产品质量与安全。从企业备案到通关放行，每一环节都凸显了我国对出口蜂产品质量的严格把控。然而，在当前进出口监管形势下，仍存在一些风险点，如备案企业质量管理水平参差不齐、出口申报信息真实性核查难度大、现场查验与实验室检测资源有限等。这些风险可能会影响我国蜂产品的国际声誉和市场份额，为此，建议进一步加强出口蜂产品生产企业质量管理体系建设，提高申报信息核查效率与准确性，优化现场查验与检测资源配置，以及加强与国际接轨的标准制定与更新。通过这些措施，可以更有效地应对进出口监管挑战，保障我国蜂产品在全球市场的竞争力与美誉度。

10.1.3 贸易摩擦风险

在国际贸易的舞台上，中国蜂产品近年来遭遇了一系列贸易摩擦。这些贸易摩擦主要涉及反倾销、反补贴等贸易救济措施，给中国蜂产品的出口带来了不小的挑战。

反倾销是指进口国对以低于正常价值的价格进入其市场的外国产品实施的一种贸易救济措施。中国蜂产品在海外市场多次遭遇反倾销调查，并被征收高额的反倾销税。这种情况不仅增加了中国蜂产品的出口成本，还削弱了其在海外市场的竞争力。在反倾销调查中，中国蜂产品企业往往需要提供大量的证据来证明自己的产品不存在倾销行为，这给企业增加了巨大的经济和时间成本。

反补贴是指进口国对接受出口国补贴的外国产品实施的一种贸易救济措施。中国蜂产品也被指控接受政府的补贴，从而被征收反补贴税。这种指责往往源于对中国政府在蜂产业发展中提供的支持和扶持的误解。实际上，中国政府在蜂产业发展中提供的支持主要是为了促进蜂产业的可持续发展和提升蜂产品的质量，而非为了倾销。然而，这种误解仍然存在，导致中国蜂产品在国际贸易中受到不公平的待遇。

以上这些贸易摩擦的出现，主要是因为国际贸易环境的复杂性和贸易保护主义的抬头。在全球化的大背景下，各国之间的贸易往来日益频繁，贸易摩擦也随之增多。一些国家为了保护本国产业，往往采取贸易保护主义措施，限制外国产品的进入。这导致蜂产品跨境贸易面临更大的挑战和不确定性。

10.1.4 技术性贸易措施风险

蜂产品技术性贸易措施往往涉及复杂的技术标准和要求，包括产品质量、安全、环保等多个方面。这些标准不仅数量多，而且更新频繁，给监管部门带来了极大的挑战。监管部门需要不断学习和掌握新的技术标准，以确保监管工作的准确性和有效性。

1. 信息不对称问题

蜂产品技术性贸易措施的信息往往由出口国（地区）提供，而进口国（地区）的监管部门可能难以获取全面、准确的信息。这种信息不对称可能导致监管部门在评估蜂产品是否符合技术性贸易措施要求时存在困难，从而增加了监管的风险和不确定性。

2. 跨部门协作的挑战

蜂产品技术性贸易措施的监管往往涉及多个部门，如海关、市场、商务、农业等。这些部门之间需要紧密协作，共同应对蜂产品技术性贸易措施带来的挑战。然而，在实际操作中，部门之间的协作可能受到各种因素的影响，如职责不清、沟通不畅等，导致监管工作难以顺利进行。

3. 对监管人员的素质要求提高

蜂产品技术性贸易措施的监管需要监管人员具备较高的专业素质和技术水平。监管人员需要了解并掌握相关的技术标准、法规和政策，同时还需要具备较强的分析问题和解决问题的能力。然而，目前一些地区的监管人员可能难以满足这些要求，导致监管工作的质量和效率受到影响。

4.应对技术性贸易壁垒的挑战

一些国家（地区）可能利用技术性贸易壁垒来限制进口蜂产品，以保护本国（地区）的产业利益。这可能导致蜂产品出口企业面临额外的贸易障碍和成本。监管部门需要积极应对这些技术性贸易壁垒，加强与国际社会的沟通和合作，推动贸易自由化和便利化。

5.法规更新与执行的挑战

随着国际贸易的发展和技术的不断进步，蜂产品技术性贸易措施的法规和标准也在不断更新和完善。监管部门需要及时跟踪和了解这些法规和标准的变化，并制定相应的监管措施和执行方案。然而，法规的更新和执行往往需要时间和资源，这可能对监管工作的及时性和有效性造成一定的影响。

综上所述，蜂产品技术性贸易措施对监管带来了多方面的挑战。为了应对这些挑战，监管部门需要不断加强自身建设，提高监管能力和水平，同时还需要加强与国际社会的沟通和合作，共同推动蜂产品贸易的健康发展。

10.2 蜂产品技术性贸易措施案例研究

10.2.1 欧盟对中国蜂蜜中苦参碱、氧化苦参碱通报

自 2021 年 4 月以来，德国 Intertek 实验室与 RASFF 先后通报中国出口欧洲的洋槐蜂蜜中苦参碱和氧化苦参碱检测超限（0.01mg/kg）。2021 年 6 月，欧盟对中国蜂蜜中苦参碱及其代谢物氧化苦参碱按农药残留量一律标准（<0.01mg/kg）要求实施进口检测，对于检测的阳性样品（主要是西北洋槐蜂蜜或含西北洋槐蜂蜜的货品），欧盟官方做退货或销毁处理。自 2021 年 6 月以来，已有多个批次的中国蜂蜜被退货和通报甚至销毁，并直接影响中

国 60% 左右的蜂蜜出口。截至 2024 年 9 月，此事对出口企业收购蜂蜜原料的积极性依然存在不利影响，蜂蜜收购价格大幅下跌，出现蜂农手里的蜂蜜积压无人收购、蜂农破产转行等现象，严重影响中国蜂产品行业的发展。

1. 相关情况分析

欧盟作为中国蜂蜜出口的第一大市场，2022 年合计占中国蜂蜜出口总量的 68.46%。中国《食品安全国家标准 食品中农药最大残留限量》（GB 2763—2021）暂无各类蜂产品中限量要求。而欧盟农药残留量数据库和日本肯定列表中对蜂蜜中苦参碱和氧化苦参碱均采用 0.01mg/kg 的限量标准，中国与其他国家的限量标准存在较大差异。

（1）苦参碱和氧化苦参碱

苦参碱（Matrine）和氧化苦参碱（Oxymatrine）是在苦参属植物中发现的生物碱，自然存在于某些植物中。中国大面积分布的白刺花、砂生槐等蜜源植物，同苦参一样，同属豆科苦参属植物，其花、叶、茎的苦参碱与氧化苦参碱含量均较高。其中，砂生槐主要分布于西藏，而白刺花则广泛分布于中国河南西北部、山西东南部、河北西南部的太行山南部低山区，以及陕北、甘肃陇东黄土高原和秦岭北坡、云南高原及青藏高原区。砂生槐和白刺花中有高含量的苦参碱和氧化苦参碱，且一般氧化苦参碱含量高于苦参碱。中国农业科学院蜜蜂研究所发现可以采用氧化苦参碱作为砂生槐蜂蜜鉴别的特征标示。

在中国，苦参碱还是从植物中提取的一种生物农药，对人畜低毒，杀虫广谱；氧化苦参碱亦为植物提取的生物杀虫剂，具有高效、低毒、药效期长等特点。所以，苦参碱和氧化苦参碱既是农药，也是天然植物内源性成分。

此外，由于中国华北、西北洋槐主产区与白刺花植物地理分布存在较大的交叉重叠，尤其是以西北产区更甚，而洋槐与白刺花的花期也几乎重叠，因此蜜蜂在采集洋槐蜂蜜的同时不可避免地会采集白刺花花蜜，导致中国西北洋槐蜜经常会混有少量的白刺花蜜，其中苦参碱和氧化苦参碱就必然会被检出。

（2）国外实验室对苦参碱的研究

德国 Intertek 实验室自 2021 年 1 月将这两种物质纳入农药多残留法的活性物质范围以来，已经评估了蜂蜜中苦参碱和 / 或氧化苦参碱的存在。苦参碱在一些亚洲国家被批准用作杀虫剂，例如中国和越南。在没有充分调研相关背景情况下，欧盟进口检测部门判定中国蜂蜜中的苦参碱和氧化苦参碱为农药施用的残留，并按照欧盟相关法规进行限制。

（3）欧盟对苦参碱和氧化苦参碱的限量要求

根据欧盟 (EC) 第 396/2005 号法规第 18 条（1）(b) 的规定，苦参碱和氧化苦参碱的最大残留量为 0.01mg/kg。

（4）苦参碱和氧化苦参碱的安全性数据

现有文献报道的苦参碱和氧化苦参碱动物实验毒理学数据说明，苦参碱和氧化苦参碱的生理学毒性较低。文献亦有报道苦参碱和氧化苦参碱可以作为临床治疗药物使用：苦参碱和氧化苦参碱的单日给药量高达 600~1500mg，给药时间更是长达 1~6 个月。大多数蜂蜜中苦参碱和氧化苦参碱的含量不超过 0.1mg/kg。即使蜂蜜中苦参碱和氧化苦参碱的含量达到 1mg/kg，每日摄入蜂蜜 1kg，苦参碱和氧化苦参碱的摄入量也只有 1mg，远远低于临床单日给药量。所以，上述临床数据也表明，苦参碱和氧化苦参碱的生理学毒性较低。

中国《食品安全国家标准 食品中农药最大残留限量》（GB 2763—2021）4.255 项下规定，苦参碱的每日允许摄入量（ADI）为 0.1mg/kg（bw），其中 bw 为体重。假设人的平均体重为 60kg，则苦参碱的每日允许摄入量为 6mg。蜂蜜中苦参碱的含量一般不超过 0.1mg/kg，即使蜂蜜中苦参碱的含量达到 1mg/kg，每日摄入蜂蜜 1kg，苦参碱的摄入量也只有 1mg，此数值低于每日允许摄入量 6mg。

综上，蜂蜜中的苦参碱不太可能造成食品安全风险。

（5）中国国家标准对作为农药使用的苦参碱残留限量要求

《食品安全国家标准 食品中农药最大残留限量》（GB 2763—2021）4.255 项下规定了苦参碱在蔬菜和水果中的最大残留限量，其中，结球甘蓝 5mg/kg，黄瓜 5mg/kg，柑 1mg/kg，橘 1mg/kg，橙 1mg/kg，梨 5mg/kg，均大于蜂蜜中苦参碱的实际检测值。中国安全标准限值是欧盟限定标准 0.01mg/kg 的 100 倍和 500 倍，且在蜂蜜等蜂产品中无限量指标。

2.调查和溯源

中国食品土畜进出口商会分别于 2021 年 5 月和 2022 年 5 月于洋槐花期组织由秦皇岛海关技术中心、南京海关动植物与食品检测中心、南京众谱生物科技有限公司和部分会员企业组成的专家团队赴西北洋槐主产区实地取样、检测、调研情况，首次提出中国洋槐蜂蜜中苦参碱和氧化苦参碱来源于蜜源植物白刺花，而非农药施用。

洋槐和白刺花花、叶和茎的检测结果显示：洋槐花中未检出苦参碱和氧化苦参碱，而白刺花的花、叶和茎中都能检出很高含量的苦参碱和氧化苦参碱，其中白刺花叶中氧化苦参碱和苦参碱含量高达 283.9mg/kg 和 58.8mg/kg，其含量比蜂蜜中检出的结果要大千倍以上（表 10–1）。

表 10–1 现场取样洋槐和白刺花花、叶、茎等检测结果

批次	种类	年份	产地	苦参碱（mg/kg）	氧化苦参碱（mg/kg）	备注
1	洋槐花	2021 年	陕西延安	<0.01	<0.01	未干燥植物花
2	洋槐花	2021 年	陕西延安	<0.01	<0.01	未干燥植物花
3	白刺花茎	2021 年	陕西延安	45.9	314.5	未干燥植物茎
4	白刺花叶	2021 年	陕西延安	32.6	277.2	未干燥植物叶
5	白刺花花	2021 年	陕西延安	17.82	123.4	未干燥植物花
6	白刺花花	2021 年	陕西延安	36.4	187.1	未干燥植物花
7	白刺花叶	2021 年	陕西延安	58.8	283.9	未干燥植物叶

南京海关动植物与食品检测中心对 2021—2022 年共 320 个蜂蜜样品中的苦参碱和氧化苦参碱进行了检测。涉及的蜜种包括白蜜、百花蜜、洋槐蜜、荆条蜜、苕子蜜、特浅蜜、油菜蜜、紫云英蜜，以及未标识蜜种、仅标识为"蜂蜜"的样品共 9 种，苦参碱检测结果见表 10-2，氧化苦参碱检测结果见表 10-3。

表 10-2　不同蜜种中苦参碱检出率及含量水平

序号	蜜种	总数	分布在不同结果区间的样品数量（μg/kg）				检测最大值（μg/kg）
			<10	10~50	50~100	>100	
1	洋槐蜜	142	133	9	0	0	21.3
2	蜂蜜	141	112	26	3	0	61.4
3	荆条蜜	11	11	0	0	0	—
4	紫云英蜜	9	7	2	0	0	20.5
5	白蜜	9	9	0	0	0	—
6	油菜蜜	5	5	0	0	0	—
7	百花蜜	1	1	0	0	0	—
8	苕子蜜	1	1	0	0	0	—
9	特浅蜜	1	1	0	0	0	—

表 10-3　不同蜜种中氧化苦参碱检出率及含量水平

序号	蜜种	总数	分布在不同结果区间的样品数量（μg/kg）				检测最大值（μg/kg）
			<10	10~50	50~100	>100	
1	洋槐蜜	136	80	42	10	4	159.0
2	蜂蜜	143	71	47	20	5	331.9
3	荆条蜜	11	11	0	0	0	—
4	紫云英蜜	9	5	4	0	0	34.3
5	白蜜	9	9	0	0	0	—
6	油菜蜜	5	5	0	0	0	—
7	百花蜜	1	0	0	1	0	50.3
8	苕子蜜	1	1	0	0	0	—
9	特浅蜜	1	1	0	0	0	—

表 10-2 和表 10-3 检测结果表明，蜂蜜样品中氧化苦参碱的检出率和检测值均高于苦参碱。检出苦参碱和氧化苦参碱的蜜种基本一致，主要为洋槐蜜、蜂蜜和紫云英蜜。洋槐蜜检出苦参碱和氧化苦参碱的主要原因可能是因为混入了白刺花蜜。未标识蜜种、仅标识为"蜂蜜"的样品中检出苦参碱和氧化苦参碱的主要原因可能是其中一部分样品为洋槐蜜。紫云英蜜中检出苦参碱和氧化苦参碱的原因不明，需要增大样品量进一步研究。百花蜜是各种蜂蜜混杂在一起的混合蜜种，其中检出氧化苦参碱的原因可能是其中含有洋槐蜜，也可能是其他蜜种自身含有氧化苦参碱，需要增大样品量进一步研究。

秦皇岛海关技术中心、南京众谱生物科技有限公司进一步对 567 批不同蜜种的中国蜂蜜中苦参碱和氧化苦参碱的含量进行了检测和分析，结果见表 10-4。

表 10-4　567 批不同蜜种的中国蜂蜜中苦参碱和氧化苦参碱检测值

蜂蜜种类	样品数量	苦参碱		氧化苦参碱	
		检出率	平均含量（μg/kg）	检出率	平均含量（μg/kg）
百花蜜	15	26.7%	5.8	26.7%	123.7
椴树蜜	16	ND	ND	ND	ND
枸杞蜜	12	41.7%	23.6	58.3%	92.1
茴香蜜	15	73.3%	4.0	66.7%	5.6
荆条蜜	17	11.8%	1.4	29.4%	9.0
葵花蜜	14	71.4%	7.9	85.7%	8.3
白刺花蜜	8	100.0%	92.8	100.0%	967.2
荔枝蜜	12	ND	ND	ND	ND
苕子蜜	11	ND	ND	ND	ND
橡胶蜜	10	ND	ND	ND	ND

蜂蜜种类	样品数量	苦参碱		氧化苦参碱	
		检出率	平均含量（μg/kg）	检出率	平均含量（μg/kg）
洋槐蜜	383	40.7%	7.6	72.3%	59.6
油菜蜜	25	8.0%	2.5	4.0%	4.5
枣花蜜	29	34.5%	47.5	20.7%	9.6

表 10-4 结果表明，在中国西北地区的蜂蜜样品中，苦参碱类生物碱的检出率和检出含量均较高。同时，在中国西北地区分布的植物白刺花中，苦参碱、氧化苦参碱的含量也很高。结合孢粉学分析结果，可以得出结论，中国蜂蜜中的苦参碱类生物碱来自蜜源植物白刺花。研究还表明，中国蜂蜜中的苦参碱和氧化苦参碱是天然内源性物质，而非人为农药残留。该研究结果可为蜂蜜中苦参碱类生物碱的安全风险评估和最大残留限量的设定提供重要参考。

3. 调研结果

检测和调研结果表明：苦参碱和氧化苦参碱为天然来源的植物内源成分，低毒，安全性高，蜂蜜中的苦参碱和氧化苦参碱不可能造成食品安全风险；中国蜂蜜中的苦参碱和氧化苦参碱为洋槐花期白刺花花蜜带入，而非人为农药残留；欧盟按农药残留量一律标准 0.01mg/kg 进行进口检测，不合理、不科学，应当予以调整。

4. 建议

蜂蜜中苦参碱和氧化苦参碱问题是中国蜂产品行业近年面临的亟须解决的难题。欧盟对中国蜂蜜中苦参碱及其代谢物氧化苦参碱按农药残留量一律标准（<0.01mg/kg）要求实施进口检测，对检测的阳性样品，做退货或销毁处理，严重影响了中国蜂蜜出口和蜂产品行业的健康发展。中国行业组织与检测机构对蜂蜜中苦参碱与氧化苦参碱进行检测并结合孢粉学分析

及实地调研结果，充分说明中国蜂蜜中苦参碱和氧化苦参碱来自蜜源植物白刺花的干扰，而不是农药残留。进一步结合相关毒理学数据，对其膳食暴露风险进行初步评估，结果表明中国蜂蜜中苦参碱和氧化苦参碱的风险很低，对人体不引起危害效应，有必要与欧盟有关主管部门持续沟通，消除上述技术性贸易措施对中国出口蜂蜜等蜂产品的影响。

10.2.2 欧盟对进口蜂产品实施"名单制"管理

根据 2023 年 11 月欧盟发布的（EU）2023/2652 号法规，欧盟将对来自欧盟外第三国蜂产品（包括蜂蜜、蜂王浆、蜂胶、蜂花粉和蜂蜡）实施进口"名单制"管理，名单由第三国主管部门向欧盟提供并经欧盟最终确认。上述制度实施的过渡期至 2024 年 11 月 29 日，此后未列入名单的企业输欧蜂产品将被拒绝入境，该措施的正式实施对中国蜂产品出口造成了深远影响和挑战。

1. 输欧蜂产品注册要求

目前，各地海关已按照海关总署统一部署，指导相关企业申请海关备案并开展对外推荐注册工作。在申请对欧盟注册之前，相关出口生产企业必须满足以下条件：

（1）蜂产品原料来自海关备案养殖场。

（2）已完成出口食品生产企业备案手续。

（3）建立完善可追溯的食品安全卫生控制体系，保证食品安全卫生控制体系有效运行，确保出口食品生产、加工、贮存过程持续符合中国相关法律法规、出口食品生产企业安全卫生要求。

（4）进口国家（地区）相关法律法规和相关国际条约、协定有特殊要求的，还应当符合相关要求。

（5）切实履行企业主体责任，诚信自律、规范经营，且信用状况为非海关失信企业。

（6）一年内未因企业自身安全卫生方面的问题被进口国（地区）主管

当局通报。

2. 申请对欧盟推荐注册

根据《出口食品生产企业申请境外注册管理办法》有关规定，境外国家（地区）对中国输往该国家（地区）的出口食品生产企业实施注册管理且要求海关总署推荐的，海关总署统一向该国家（地区）主管当局推荐。输欧蜂产品生产企业在取得出口食品生产企业海关备案等基础上，还需完成对欧盟注册的申请。

申请人可登录"中国国际贸易单一窗口"或"互联网 + 海关"，通过出口食品生产企业备案核准进入"行政相对人统一管理 3.0"系统的境外注册管理模块，点击"境外注册申请"，按照系统提示填写相关信息，通过上传出口食品生产企业境外注册申请书和出口食品生产企业申请境外注册自我评估表等相关材料办理有关对欧盟注册手续。

企业向海关申请对欧盟注册后，海关将结合企业信用、监督管理、出口食品安全等情况组织评审，符合条件的向欧盟主管当局推荐。企业注册信息情况以欧盟官方公布为准。

3. 相关注意事项

对于国内已完成备案的出口蜂产品企业，需要向所在地海关提交境外注册申请，经欧盟官方认证后纳入欧盟蜂产品进口"白名单"，方可出口欧盟市场。相关提示：

（1）境外注册推荐法定办理时限为受理后的 30 个工作日，且企业因自身问题进行的整改时间不计算在内，所以相关企业一定留足申报和办理时间。

（2）无论通过何种渠道办理备案 / 注册申报，均应先办理电子口岸卡，通过"卡介质方式"登录信息系统。

（3）申请对欧盟注册的企业，在符合中国出口食品生产企业备案要求的基础上，还要进一步符合欧盟相关法律法规和相关国际条约、协定要求。

（4）相关出口备案蜂产品生产企业在获欧盟注册资格后，还应当每年就是否能够持续符合进口国家（地区）注册条件进行自我评定，并向住所地海关报告，以实现备案和注册资质的持续保持。

4. 影响与建议

欧盟实施蜂产品"名单制"后，将依据（EU）2017/625 号官方控制法规加强对进口蜂产品的合规核实、追溯管理以及对涉嫌违规企业的调查，从而对进口蜂产品及其生产企业采取相应措施，后续影响波及的范围值得关注。

中国出口农食产品的高质量发展，离不开多年来对国外技术性贸易措施的积极应对。下一步，建议包括出口企业、监管部门和行业协会在内的各相关方继续密切关注欧盟技术法规动态，建议相关部门完善对输欧蜂产品企业推荐注册工作机制，督促企业对产品质量安全的主体责任落实，强化行业自律，推动企业在养蜂管理、原料采收、品质管控等方面加强管理力度，积极指导企业做好对欧盟注册和产品合规工作，保障输欧蜂产品贸易正常开展。

10.2.3 澳大利亚蜂蜜含毒事件

2016 年 1 月 25 日，中国新华社发布《澳大利亚蜂蜜含毒报告引争议》，对有研究报告称澳大利亚蜂蜜中的有毒物质吡咯里西啶类生物碱含量较高的问题进行了报道。报道援引澳新食品标准局回应称，通常情况下食用相关蜂蜜不会导致健康风险，但孕妇和哺乳期妇女还是应当注意。上述报道被众多国内外媒体转载，特别是在互联网媒体通过微信、微博等渠道被大量转发，有关"澳大利亚蜂蜜含毒"的话题引起中国消费者的广泛关注。

1. 吡咯里西啶类生物碱限量分析

吡咯里西啶类生物碱又称为 PAs，它们大多数是由具有双稠吡咯啶环的氨基醇和不同的有机酸两部分缩合形成，其醇部分叫裂碱（necine），酸部分叫裂酸（necic acid）。以裂碱的结构来划分，PAs 有两种类型，一种是倒千里光裂碱型（retronecine-type），另一种是奥索千里光裂碱型（otonecine-type）。在双稠吡咯啶环的 1,2 位可是双键或单键，1,2 位为双键（即可形成烯丙酯结构）的 PAs 具有肝脏毒性，称为肝毒双稠吡咯啶生物碱（hepatotoxic pyrrlizidine，HPAs）。目前已从近 200 种植物中分离得到约 300 个 PAs，其中约有 120 个属于 HPAs。在 HPAs 分子中，具有环状双内酯的 PAs 毒性最强，其内酯环含有 11～13 个原子，如倒千里光碱；只有单酯键的 PAs 毒性最弱，如天芥菜碱；而虽具有两个酯键却不成环者毒性居中，如毛果天芥菜碱。在 1,2 位不是双键的 PAs 毒性较弱或无毒，如阔叶千里光碱。这些都充分说明了 PAs 的毒性与其结构非常相关。

PAs 植物中毒以引起肝细胞出血性坏死、肝巨细胞症（hepatic meglocytosis）、静脉闭塞症（veno-occusive diseases）、胆管增生、肺动脉高压和右心肥大为特征。

各种动物对 PAs 植物的敏感性有明显差异。牛和马摄入 5% 体重的狗舌草就可致命，而山羊和绵羊则需要累积摄入百分之几百体重的量才可致死。实验动物中，大鼠和小鼠非常敏感，而兔、豚鼠、沙鼠和仓鼠抵抗力较强。对家禽而言，小鸡和火鸡对 PAs 敏感，日本鹌鹑能承受累积摄入百分之几百体重的狗舌草。牦牛对 PAs 也很敏感。

2. 标准限量要求

（1）中国标准限量要求

中国食品安全国家标准及其他有关法规标准中暂无食品中吡咯里西啶类生物碱限量标准要求。但在《食品安全国家标准 蜂蜜》（GB 14963—2011）3.1 蜜源要求中要求："蜜蜂采集植物的花蜜、分泌物或蜜露应安全无毒，不得来源于雷公藤（*Tripterygium wilfordii* Hook.F.）、博落回 [*Macleaya cordata* (Willd.) R.Br]、狼毒（*Stellera chamaejasme* L.）等有毒蜜源植物。"

吡咯里西啶类生物碱来自蓝蓟等有毒植物，澳大利亚官方"允许从这类禁止作物中提取蜂蜜，只要将其与其他蜂蜜混合稀释即可"，这显然与中国食品安全国家标准的要求有区别。

（2）其他国家或地区标准限量要求

其他国家或地区对吡咯里西啶类生物碱的限量，目前已知的是澳新食品标准局设定了平均每日每千克体重摄入量不超过 1 μg/kg 的安全线，而欧洲一些食品安全机构提出的安全上限为 0.007 μg/kg。

3. 相关风险分析

根据联合国粮食及农业组织／世界卫生组织食品添加剂专家联合委员会的资料，吡咯里西啶类生物碱的膳食摄入量若低于每日每千克体重 0.0182 μg，从公众健康影响的角度，关注程度属低。

（1）澳新

澳新食品标准局在其官方网站对此事做出回应称，PAs 是一种存在于超过 600 种植物中的天然毒素，因此它也存在于许多食物中。某些类型的蜂蜜，如来自蓝蓟花的蜂蜜，确实含有较高水平的 PAs，可能影响健康。

（2）欧盟

据 2011 年 11 月 8 日欧盟食品安全局消息，该局就食品与饲料中的吡咯里西啶类生物碱的暴露风险发布了科学意见。据了解，吡咯里西啶类生物碱广泛分布于植物界，特别是菊科、豆科、紫草科植物中。截至目前，已被知晓的该种生物碱约有 600 种。很多吡咯里西啶类生物碱具有明显的肝脏毒性，因此称为肝毒吡咯里西啶类生物碱。欧盟食品安全局在对 13280 份散装蜂蜜、1324 份零售蜂蜜及 351 份饲料样本进行风险评估的基础上得出结论认为，吡咯里西啶类生物碱可能会对常喝蜂蜜的婴儿及儿童的健康构成影响，对牲畜及其他动物构成的风险较低，近期报道的中毒事件只是偶然事件。

据欧盟食品安全局 2017 年 7 月消息，应欧盟委员会的要求，欧盟食品安全局就茶叶、蜂蜜、药草及食品补充剂中吡咯里西啶类生物碱对人体健康的风险发布意见："在现有数据的基础之上，欧盟食品安全局专家组认为，PAs 可能会对儿童的健康产生影响，因为他们摄入蜂蜜较多。人体暴露于 PAs，尤其是摄入茶叶和药草较多的情况，健康可能会受到影响。"专家组指出，食用含 PAs 类植物的食品补充剂，可能会出现急性或者短期毒性。

此外，德国联邦风险评估研究所（BfR）正在开展茶叶产品中吡咯里西啶类生物碱含量的研究，对茶叶、花草茶、药茶当中的吡咯里西啶进行了检测。动物实验发现，吡咯里西啶具有基因毒性。检测发现，部分茶叶、花草茶产品当中的吡咯里西啶类生物碱含量较高。德国联邦风险评估研究所表示，本次检出的吡咯里西啶含量较高的产品不会对人的健康产生急性损害，然而如果长期食用则会危害儿童、孕妇及哺乳期妇女的健康。

（3）中国香港

中国香港食物环境卫生署食物安全中心 2017 年 1 月 6 日公布，中心最近完成一项有关食物中含吡咯里西啶类生物碱的研究，从选取的食物中检测该类化合物的总和，以估算香港成年人从膳食中摄入这些物质的分量，及评估其对健康造成的风险。结果显示，香港市民因食物含吡咯里西啶类生物碱引起健康问题的可能性不大。该中心发言人说："吡咯里西啶类生物碱是广泛存在于植物中的一组天然毒素，种类超过 660 种，多达 6000 个植物品种含有这类化合物。人类可因进食受污染的农作物而摄入该类化合物，亦可以通过蜂蜜、茶、牛奶、鸡蛋和动物内脏摄入上述生物碱。"中心研究结果显示，一般市民每日估计经食物摄入有关生物碱总量的下限和上限分别为每千克体重 0.00033 μg 和 0.0015 μg，远低于每日每千克体重 0.0182 μg，因此，有关吡咯里西啶类生物碱影响市民健康值得关注的程度不高。

10.3 中国蜂产品进出口监管治理展望

监管政策对蜂产品行业的健康发展起到了积极作用，同时也带来了一定的制约。近年来，中国针对蜂产品进出口的法律法规不断完善，加强了对蜂产品进出口的监管，促进了蜂产品进出口的规范化。此外，我国不断积极推行贸易便利化措施，简化进出口流程，降低企业成本，提高贸易效率。

中国蜂产品进出口面临着多方面的风险挑战，建议相关部门加强监管，企业则应增强风险意识，完善内部管理，共同促进中国蜂产品进出口行业的健康发展。具体来说，有以下几点：

一是应继续推行贸易便利化措施。在国际贸易中，烦琐的进出口流程和高昂的贸易成本往往制约了贸易的顺畅进行。为了推动蜂产品国际贸易的发展，要简化进出口流程，减少不必要的文件和手续，提高通关效率。要降低贸易成本，如降低关税、减少非关税壁垒等，为企业提供更多的贸易机会。还可以加强与国际贸易机构的合作，共同推动贸易便利化进程，为蜂产品国际贸易创造更好的环境。

二是需要加强国际合作与交流。在全球化的背景下，各国之间的贸易联系日益紧密。为了推动蜂产品国际贸易的发展，要积极参与国际蜂业组织的活动，了解国际蜂业的发展趋势和最新技术，学习其他国家的先进经验和做法。要加强与主要贸易伙伴的沟通与合作，共同解决贸易中遇到的问题和障碍。还可以举办国际蜂业展览和研讨会等活动，促进各国之间的交流与合作，为蜂产品国际贸易搭建平台。通过与其他国家的合作，共同保障进口蜂产品质量安全，实现互利共赢。

三是严格落实食品安全控制体系。通过运用官方检查和第三方认证等手段，确保进出口蜂产品符合相关法规要求和产品标准，提高产品的质量和附加值，增强产品的国际竞争力。优化出口结构，减少对传统市场的依赖，积极开拓新兴市场，分散贸易风险。加强知识产权保护，提高自主创新能力，推动产业升级和转型升级。

参考文献

[1] 陈黎红，张复兴，吴杰，等．欧洲蜂业发展现状对中国的启示 [J]. 中国农业科技导报,2012,14(3):16-21. DOI:10.3969/j.issn.1008-0864.2012.03.03.

[2] 王建文．蜂产品质量安全与生产要求 (上)[J]. 四川畜牧兽医,2014,41(10):36-38. DOI:10.3969/j.issn.1001-8964.2014.10.014.

[3] 朱海华，杨强，田春华，等．蜂产品质量安全与现状分析 [J]. 中国蜂业,2011,62(9):30-32. DOI:10.3969/j.issn.0412-4367.2011.09.024.

[4] 吴玉敏，何锦风，蒲彪．蜂胶总黄酮含量快速测定方法 [J]. 中国蜂业,2007,58(5):36. DOI:10.3969/j.issn.0412-4367.2007.05.034.

[5] 白泉阳，张体银，郑腾，等．进口蜂产品中蜂类疫病传入风险分析 [J]. 畜牧与兽医,2016,48(7):123-127.

[6] 李秉蔚，乔娟．国内外农业标准化现状及其发展趋势 [J]. 农业展望,2008,4(6):38-40. DOI:10.3969/j.issn.1673-3908.2008.06.010.

[7] 吉进卿，左瑞雨，韩露．检视问题综合施策助推新时代我省蜂业水平全面提升 [J]. 河南畜牧兽医（综合版）,2019,40(10):3-5.

[8] 陈廷珠，李树军，姜玉锁．浅谈模式化蜜蜂养殖档案的建立与管理 [J]. 中国蜂业,2008,59(7):47-48. DOI:10.3969/j.issn.0412-4367.2008.07.046.

[9] 中国养蜂学会．新年礼物——农业部《养蜂管理办法（试行）》[J]. 蜜蜂杂志,2012,32(3):1-2.

[10] 陈黎红, 张复兴, 吴杰, 等. 解读《养蜂管理办法（试行）》[J]. 中国蜂业,2012,63(13):10-11. DOI:10.3969/j.issn.0412-4367.2012.05.003.

[11] 韩春来. 生物技术在动物和动物产品监督检验中的应用 [J]. 中国动物检疫,2010,27(10):24-27. DOI:10.3969/j.issn.1005-944X.2010.10.013.

[12] 吴志刚. 欧盟食品和饲料快速预警机制 (RASFF) 简介及 2004 年度预警通报分析 [J]. 中国食品卫生杂志,2005,17(5):428-430. DOI:10.3969/j.issn.1004-8456.2005.05.013.

[13] 杨林, 冯冠, 曹彦忠, 等. 中欧蜂产品法律法规及标准对比研究 [J]. 中国蜂业， 2018,69(1):53-56.DOI:10.3969/j.issn.0412-4367.2018.01.030.